Stockholm Syndrom

von Lenore Gregor

D1728687

Cupido Books, Im Dau 3, 50678 Köln

Covergestaltung: Cupido Books
unter Verwendung von Fotos von Antonia Potapenko, J. Helgason und
Ukki Studio/Shutterstock Inc.

STOCKHOLM SYNDROM

VON LENORE GREGOR

CUPIDO BOOKS

KAPITEL 1

UNERWÜNSCHTER BESUCH

Ich verstaute die letzten Teller im Geschirrschrank und seufzte. Abwasch erledigt. Beinahe wünschte ich mir, der Stapel mit Geschirr wäre nie kleiner geworden, denn das Ende der Hausarbeit bedeutete den Anfang der eigentlichen Arbeit. Ein bislang unbeachteter Stapel mit wissenschaftlichen Artikeln lag auf dem kleinen Wohnzimmertisch, direkt neben meinem Laptop.

Ein bisschen Ruhe und Entspannung hatte ich mir doch verdient, bevor ich endlich anfangen würde, meine Bachelorarbeit zu schreiben! Mit einem Seufzen ließ ich mich aufs Sofa fallen und schaltete den Fernseher ein. Astro-TV, Verbotene Liebe, Verdachtsfälle. Gab es eigentlich auch noch irgendwo gutes Fernsehprogramm? Wenn ich wenigstens Internet gehabt hätte und nicht so gottverdammt vernünftig gewesen wäre, mir einen Ort zum Arbeiten zu suchen, wo mich weder E-Mail-Postfach noch Facebook ablenken konnten. Mein Smartphone war hier zu einem Handy degradiert worden, dazu noch zu einem Handy mit schlechtem Empfang. Blieb also nur der Lokalsender über Antenne, auf dem glücklicherweise gerade keine Volksmusik, sondern die Nachrichten liefen.

Ich sah auf den Fernsehbildschirm und stutzte. Das war die Sparkassenfiliale, an der ich gestern angehalten hatte, um den Geldautomaten zu benutzen! In der kleinen Stadt, die etwa 10 Kilometer entfernt lag. „Jungs?", rief ich.

Es dauerte einige Augenblicke, bis sich mein Freund Sebastian und sein Kumpel Marco von ihren Aufgaben lösen konnten und ins Wohnzimmer kamen.

„Was gibt's?"

Ohne Worte deutete ich auf den Fernsehbildschirm.

„Soeben erreichte uns die Meldung, dass die Sparkassenfiliale in Heiserode von vier maskierten Bankräubern überfallen wurde. Augenzeugen zufolge bedrohten sie Kunden und Bankangestellte mit einer Pistole und forderten sie zur Übergabe von mehreren zehntausend Euro auf. Der Angestellte einer Sicherheitsfirma wurde angeschossen und mit leichten Verletzungen ins Krankenhaus eingeliefert. Bis zu diesem Zeitpunkt sind die Täter auf der Flucht. Die Polizei fahndet und hat die Zugänge zur Stadt abgeriegelt. Anwohner werden gebeten, Personalausweis oder Reisepass bereitzuhalten."

„Wer hätte gedacht, dass ausgerechnet hier mal etwas Aufregendes passieren würde?", fragte Marco.

Ich nickte. „Wahrscheinlich ist es sonst schon eine Sensation, wenn der Kegelklub 75-jähriges Jubiläum feiert."

Sebastian zuckte mit den Schultern. „Bedeutet wohl, dass wir heute nicht mehr einkaufen können. Aber bis heute Abend sollten sie die vier wohl haben, oder? Also, wenn das alles war, gehen wir wieder rüber. Wir haben Probleme mit dem Datensatz. Keine Ahnung, wie ich daraus ein präsentierbares Ergebnis zaubern soll." Sebastian beugte sich zu mir herunter und gab mir einen Kuss, was ich mit einem Lächeln quittierte.

„Wann soll ich anfangen, das Essen vorzubereiten? Seid ihr schon hungrig?"

Sebastians Augen strahlten. „Wenn du kochst, bin ich immer hungrig. Ich weiß nie, ob du leckerer bist oder dein

Essen.“

Ich gab ihm eine kleine Kopfnuss, und die beiden verschwanden wieder im angrenzenden Arbeitszimmer. Das Ferienhaus war klein, bot aber dennoch mehr Platz als Sebastians und meine Wohnung. Die altmodische Möblierung roch leicht muffig und erinnerte mich an meine Großeltern. Die Tapete hatte ein Muster, welches in den Augen wehtat und wohl zuletzt in den siebziger Jahren akzeptabel erschienen war. Zum Essen quetschten wir drei uns immer hinter den kleinen Metallcouchtisch vor dem Sofa.

Vor allem aber bot die Lage des Hauses keinerlei Ablenkung und das war genau das, was wir drei jetzt brauchten. Der Abgabetermin war erschreckend nahe gerückt.

Gleich. Gleich würde ich anfangen.

Mein Blick wanderte zur Terrassentür in das Gewirr von endlos sich erstreckenden Bäumen. Eine winzige Bewegung schreckte mich auf. Es war nur eine Hirschkuh, die den Kopf in die Höhe riss und mich anstarrte, als spüre sie meinen Blick sehr genau. Ich schluckte.

Mit einem Ruck erhob ich mich, wandte dem Tier den Rücken zu, bewegte mich zur Küchenzeile hin und holte mit leicht zitternden Händen Schneidebretter und Messer heraus, als ich ein merkwürdiges Geräusch an der Tür hörte. Erst ein Schaben, dann ein Kratzen, Knacken. Wahrscheinlich nur ein Tier – vielleicht eine Katze der Vermieterin. Trotzdem kam es mir komisch vor.

Mit dem Messer in der Hand ging ich zur Haustür hinüber und öffnete sie.

Vor mir kniete ein junger Mann mit einem schmalen Werkzeug in der Hand, das mich entfernt an eine Nagelfeile erinnerte. Hinter ihm standen drei weitere Männer. Noch bevor ich einen Laut von mir geben konnte, blickte ich in die schwarze Mündung eines Pistolenlaufs und ließ das Messer fallen. Mein Herz schien stillzustehen.

Ich starrte wie paralysiert auf die Pistole. Bevor ich wieder zu mir kommen konnte wurde ich zurückgedrängt, und vier schwarzgekleidete Männer kamen herein. Der Letzte schloss die Tür hinter sich und legte mir einen Finger auf die Lippen. Ich hätte ohnehin kein Wort gesagt, denn meine Kehle war so fest zugeschnürt, dass ich das Gefühl hatte, ersticken zu müssen.

Neben mir öffnete sich die Tür zum Schlafzimmer und Sebastian steckte seinen Kopf heraus, wahrscheinlich um zu fragen, wer an der Tür sei, aber auch ihm blieb die Frage im Hals stecken.

Der mit der Pistole winkte meinen Freund zu mir herüber, aber der rührte sich nicht. „Okay, keinen Ton ihr zwei, oder es wird ungemütlich. Ist hier noch jemand?"

Ich nickte stumm und deutete mit meinem Kopf auf das Arbeitszimmer, woraufhin einer der vier, ein Muskelpaket mit Stiernacken und kurz geschorenen Haaren, Sebastian ins Wohnzimmer zog und in meine Richtung schubste. Danach verschwand er im Arbeitszimmer und schnappte sich Marco, hielt ihm den Mund zu und kam mit ihm zu uns herüber. Ein anderer, ein kleiner Blonder mit einer spitzen Nase, sagte: „Super Arbeit, Marek! Ein einsames Ferienhaus, in dem schon seit Jahren keiner mehr gewohnt hat! Garantiert verlassen! Perfekter Rückzugsort! Verdammtes Arschloch, jetzt haben wir ein Problem."

Marek war offensichtlich der mit der Pistole. Er hatte lange, schwarze Haare und dunkle Augen. Sein Kinn war stoppelig und unter seinen Augen lagen Schatten. „Du warst derjenige, der einen Übergabeort in der Nähe wollte. Diskutieren können wir später." Er wandte sich mir, Sebastian und Marco zu, ohne seine Pistole zu senken, und lächelte eisig. „Tut mir wirklich leid, dass wir euch Unannehmlichkeiten bereiten, aber ich fürchte, daran lässt sich jetzt nichts mehr ändern. Setzt euch doch."

Einen Augenblick starrten wir ihn verdutzt an, dann deutete er mit der Pistole auf den Boden. Sebastian, Marco und ich bewegten uns vorsichtig auf die Knie und sahen zu den Geiselnehmern auf.

Das Muskelpaket grunzte unheilverkündend. „Wartet." Er verschwand eine Minute lang, kam dann mit drei Paar Handschellen zurück und kettete Marco, Sebastian und mich an je eines der Beine des Tisches. Eine darunter geschweißte Metallplatte verhinderte, dass wir die Handschellen abstreifen konnten.

Mein Blick suchte nach eventuellen Schwachpunkten, aber ich konnte nichts entdecken.

„Wow, Alter." Der Jüngste von ihnen, der mit der spitzen Nase, warf dem Stiernacken einen fragenden Blick zu. „Wieso schleppst du denn sowas mit dir rum?"

Der Vierte im Bunde, ein ungepflegter, älterer Mann mit dichtem, grauem Vollbart, gab eine Mischung aus Grunzen und Lachen von sich. „Lass dir mal ein paar Haare am Sack wachsen, dann verstehst du es irgendwann."

Stiernacken warf dem Alten einen Blick zu, und einen Augenblick lang glaubte ich, Spott darin zu erkennen.

Sebastian wirkte erstarrt, jeder einzelne seiner Muskeln zum Zerreißen angespannt. Marco hatte die Augen weit aufgerissen, sein Atem ging flach und hektisch.

Marek hielt weiterhin die Waffe auf uns gerichtet, während der Alte ins Schlafzimmer ging und mit drei meiner Halstücher zurückkam, mit denen wir schließlich geknebelt wurden.

Dann richtete sich Marek wieder an uns. „Entschuldigt bitte die Vorsichtsmaßnahmen. Wenn ihr euch anständig benehmt und wir uns einigen können, werden sie sich wieder lockern. Die Lage sieht wie folgt aus: Wir vier brauchen für ein paar Tage eine angenehme und vor allem unauffällige Unterkunft und haben uns für diese Ferienwohnung entschieden. Wir wollen nichts anderes, als ein paar Tage hier bleiben und dann verschwinden. Wir stehlen euch nichts, und wir wollen auch nichts von euch. Ihr müsst einfach nur die Nerven behalten und ruhig bleiben. Kriegt ihr das hin?"

Keiner von uns rührte sich.

Marek kniete sich vor mich, sodass sich sein Gesicht mit meinem auf Augenhöhe befand. Wieder lächelte er und seine Augen sahen aus der Nähe fast schwarz aus. „Du siehst vernünftig aus. Wenn ich das richtig sehe …" Er deutet auf ein Foto, das Sebastian auf den Telefontisch gestellt hatte. Darauf trug mein Freund mich durch einen See und lachte; ich trug lediglich einen Bikini. Augenblicklich wünschte ich mir, das Bild würde nicht dort stehen. „ … seid ihr zwei ein Paar, richtig?"

Ich nickte widerwillig. Der Knebel trocknete meinen Mund aus.

Marek hielt seine Pistole auf Augenhöhe. „Wir sind hier mitten im Nirgendwo. Niemand würde es hören, wenn ich schieße. Keiner würde es hören, wenn einer von euch schreit. Wenn also einer Mist baut, und dazu gehört, dass ihr ein Handy in der Hand haltet, euch am Laptop zu schaffen macht, oder versucht, euch eine Waffe zu besorgen, werde ich mit dieser Pistole deinem Freund ins Knie schießen. Ich möchte das nicht, aber ich sehe in diesem Fall keine andere Möglichkeit. Wenn ihr euch dann noch immer nicht anständig benehmt, werde ich ihn erschießen. Auch das tue ich nur sehr ungern, denn es reicht, wegen Bankraubes gesucht zu werden, ein Mord muss nicht unbedingt dazukommen. Ich schätze, das wollen wir beide vermeiden, oder?"

Mein Blick wurde wie magisch von der Waffe angezogen und vor meinem geistigen Auge zogen Bilder von einem erschossenen Sebastian vorbei. Mein Herz raste und ich schüttelte den Kopf.

„Gut. Dann machen wir einen Deal. Du sorgst dafür, dass keiner deiner Freunde Ärger macht. Ich mache dich dafür verantwortlich, wenn sie sich nicht daran halten sollten. Und wenn du das schaffst, sorge ich dafür, dass niemand verletzt wird. Einverstanden?"

Wieder nickte ich.

„Gut. Ich nehme dir jetzt den Knebel ab und du wirst mir sagen, wie du heißt." Er reichte dem Grauhaarigen die Waffe und löste den Knoten hinter meinem Kopf. Sein Gesicht war meinem so nahe, dass ich seinen Atem auf meiner Stirn spüren konnte. Nachdem er mir den Knebel abgenommen hatte, atmete ich tief ein. „Kara."

„Ich bin Marek. Freut mich, dich kennen zu lernen, Kara."

KAPITEL 2

EINRICHTUNG

Ich konnte nichts anderes tun, als wie hypnotisiert aus der Terrassentür zu starren. Wo vorhin noch eine einsame Hirschkuh im Laub gewühlt hatte, hatten sich nun noch weitere hinzugesellt als wollten sie Zeugen unserer misslichen Lage werden oder wären die Vorboten noch folgenden Unheils.

Marek und das Muskelpaket verließen das Haus, um mit vier Reisetaschen zurückzukehren, von denen sie eine ins Schlafzimmer brachten, die anderen drei neben unserer Küchenzeile abstellten.

André und der mit dem Vollbart hatten die einzelnen Zimmer durchsucht, unsere Handys und Laptops eingesammelt und das Kabel des uralten Wählscheiben-Telefons durchgeschnitten.

Langsam begann mein Rücken von der unangenehmen Position auf dem Fußboden zu schmerzen und meine angewinkelten Beine kribbelten.

Meine Jungs waren noch immer geknebelt und während Sebastian konzentriert unsere Geiselnehmer beobachtete, die die Köpfe zusammengesteckt hatten und leise miteinander sprachen, begann Marco, röchelnde Laute durch den Knebel hinweg auszustoßen.

Ich räusperte mich. „Entschuldigung?"

Der ältere Mann mit dem grauen Vollbart funkelte mich böse an. „Was? Wer hat dir erlaubt, zu sprechen?"

Ich wies mit meinem Kopf auf Marco, dessen Gesicht eine leicht violette Färbung angenommen hatte. „Er hat

Asthma. Ihr solltet ihm den Knebel abnehmen."

Der Alte sah Marco reglos zu, der seine Augen wieder geschlossen hatte und sichtlich versuchte, die Ruhe zu bewahren. In den Augen des Alten glaubte ich ein Lächeln zu erkennen.

„Bitte!", fügte ich hinzu.

Noch immer rührte sich der Alte nicht, bis schließlich der Muskelberg hinter Marco trat und ihm seinen Knebel abnahm. Dessen Atmung ging noch immer zu schnell und ein Rasseln kam aus seiner Brust, aber seine Gesichtsfarbe normalisierte sich zusehends.

Jetzt lachte der Alte. „Ach, komm schon, Bär. Wenn wir hier schon festsitzen, sollten wir uns in der Zeit wenigstens ein bisschen Spaß gönnen." Sein Blick fiel auf mich, und ich hatte das Gefühl, dass sich mein Magen zusammenzog.

„Du bist ein Arsch, Steinbach", antwortete der, den der Alte zuvor Bär genannt hatte.

Dabei ließen beide es bewenden, und Marco flüsterte mir leise ein „Danke" zu. „Ich habe das Asthmaspray im Arbeitszimmer liegen lassen."

Schicksalsergeben nickte ich, um mich dann wieder auf Sebastian zu konzentrieren, der versuchte, im Rahmen seiner Möglichkeiten etwas näher an mich zu rücken. Ich schaffte es, meinen Kopf an seine Schulter zu lehnen.

„Wir haben eine gute Ausrede, um die Bachelorarbeit nicht pünktlich abzugeben. Ich denke, mit der Sache sollten wir bei einem Härtefallantrag durchkommen." Ich lächelte ihn schwach an, konnte in seinem Blick aber nichts als Wut erkennen. Da er nicht antworten konnte, sah ich in seine haselnussbraunen Augen und legte dann meinen Kopf an seine Brust, so gut es trotz Handschellen und der Entfernung eben ging. Seine Gegenwart beruhigte

14

mich und es tat gut, seine Wärme durch den Stoff seines T-Shirts zu spüren.

Hinter uns ließ André sich auf das Sofa fallen und griff nach der Fernbedienung. „Ihr drei sitzt im Weg, ich kann den Fernseher nicht sehen. Und was sollen wir sonst hier machen? Rückt mal!" Er zerrte erst an Sebastian, dann an mir herum, und seine Finger gruben sich schmerzhaft in meinen Oberarm. „Wir sind festgekettet, wie genau stellst du dir das vor, du Intelligenzbestie?" Noch bevor ich darüber nachgedacht hatte, waren mir die Worte herausgerutscht, und Steinbach, André, Bär und Marek sahen mich an.

„Ähm. Ich meinte: Wir sind festgekettet und können nicht weg."

„Du hast eine verdammt große Klappe für ein Mädel", sagte Steinbach, und ich musste mir auf die Zunge beißen, um ihn nicht zu fragen, in welchem Jahrhundert er stecken geblieben war.

Noch einen Augenblick lang sahen alle mich an, dann wies Marek uns an, den Tisch anzuheben und aus dem Sichtfeld zu tragen. Da wir nur mit den Händen gefesselt waren, konnten wir immerhin aufstehen und gebückt gehen. Bei einem Fluchtversuch würde das aber wohl nicht viel helfen.

André kramte in einer der Reisetaschen, und zog eine Playstation und eine Dose Bier daraus hervor.

Marek schüttelte den Kopf. „Ist das dein Ernst? Ich sage euch, ihr sollt Verpflegung für ein paar Tage mitbringen, und du hast eine Scheißspielkonsole und Bier dabei?"

Grinsend öffnete André die Dose und nahm einen großen Schluck. „Fünf Bier ersetzen ein Schnitzel, oder? Da muss ich mich ranhalten." Bär ließ sich neben ihn auf das Sofa fallen und der Lattenrost im Inneren gab ein ungutes

Knacken von sich.

Ich sah zwischen Bär und André hin und her, aber keiner der beiden schenkte mir Beachtung. Lediglich Marek sah zu mir herüber. „Wie lange genau werdet ihr hier sein?", fragte ich.

Er zuckte mit den Schultern. „Nicht lange. Ein paar Tage."

Das Wort „Tage" hallte in meinem Kopf wider, während ich zusah, wie das Bier von Andrés Kinn auf die Couch tropfte.

KAPITEL 3

EIN AUSFLUG

Zwei Stunden lang blieb uns nichts übrig, als unseren Entführern dabei zuzusehen, wie sie sich häuslich einrichteten; zumindest das, was sie darunter verstanden. Marek überprüfte noch einmal alle Schubladen und Schränke nach Handys, Laptops oder Ähnlichem, ohne jedoch fündig zu werden. Steinbach machte sich mit einer Flasche Wodka auf der Couch breit, während Bär eine Reisetasche in einer Zimmerecke abstellte und dann reglos stehen blieb und seine Komplizen beobachtete. André verursachte Chaos, indem er nutzlosen Plunder überall im Haus verteilte und in verschiedenen Taschen herumwühlte. „Mann, Alter, du hast jeden Scheiß mitgenommen, was ist das alles?" André riss eine der Reisetaschen auf und zog wahllos Zeug daraus hervor, um es auf unseren Wohnzimmerboden zu werfen. „Was ist das für ein Müll? Ein ganzer Berg Klamotten, ein Buch ... Wer zur Hölle braucht Bücher und das ... ein Foto von einem kleinen Mädchen. Abartig. Stehst du auf so was?"

Marek packte André am Kragen, riss ihn in die Höhe und schleuderte ihn gegen die Wand. Sein Gesichtsausdruck war so beängstigend, dass selbst ich, im Rahmen meiner angeketteten Möglichkeiten, ein Stück zurückwich.

„Fass noch einmal meine Sachen an ..." Er packte Andrés Arm und verdrehte ihn auf den Rücken. André quiekte und Steinbach lachte finster. „Okay, Alter, schon klar, komm wieder runter!"

„Beim nächsten Mal ist er gebrochen." Marek ließ los,

und André rieb sich über den Oberarm mit einer Mischung aus Trotz und Wut.

„Wo ist das Essen?" Bärs Stimme hatte einen leichten Akzent, den ich nicht zuordnen konnte. Er sprach erstaunlich leise – dennoch waren seine Worte gut zu verstehen.

Marek nickte in Richtung André, der noch immer mit seiner schmerzenden Schulter beschäftigt war.

„Frag ihn. Er hat es im Auto irgendwo abgestellt."

André erstarrte. „Häh? Wieso ich jetzt?"

Mareks Blick verfinsterte sich. „Weil – du es gekauft hast?", zischte er.

Einen Augenblick lang war es ungeheuer still im Wohnzimmer. „Tja, jetzt wo du es sagst …", begann André, machte dann aber keine Anstalten, den Satz zu beenden.

„Du hast es vergessen?" Mareks Tonfall schwankte innerhalb dieses einen Satzes zwischen Fassungslosigkeit und Wut.

Hinter den beiden lachte Steinbach wenig amüsiert auf. „Jetzt gib dem Kleinen nicht allein die Schuld. Du hättest nachprüfen müssen, ob er's auch wirklich gemacht hat. Du bist doch unser großer Diktator." Jedes einzelne seiner Worte troff vor Schadenfreude und Zynismus.

„Ich habe mir das nicht ausgesucht", erwiderte Marek.

„Und es ändert auch nichts an der Scheiße, in der wir stecken. Die Kiddies hier …", Steinbach nickte in unsere Richtung, „ … haben kaum genug Essen für einen Tag, geschweige denn für eine Woche, jetzt wo sie unerwarteten Familienzuwachs bekommen haben."

Marek biss die Zähne zusammen und schien nach einer Lösung zu suchen.

Ich hätte eine parat gehabt: Sachen packen und abhauen. Aber ich schätze, es wäre nicht allzu gut angekommen, hätte ich diesen Vorschlag gemacht. „Wo kann man hier einkaufen?", fragte er schließlich zerknirscht.

„12 Kilometer von hier entfernt gibt es einen Supermarkt", antwortete ich. „In einem kleinen Nachbarort."
Ich hoffte, dass sie hinfahren würden. Uns genug Zeit lassen, abzuhauen und die Polizei zu rufen oder im Notfall auch in den Wald zu verschwinden. Ich hoffte, dass man sie im Supermarkt erkannte und sofort festnahm. Oder jemand ihr Auto im Fernsehbericht gesehen hatte.
„Habt ihr ein Auto?", fragt Marek.
Ich lächelte ihn unschuldig an. „Ihr denn nicht?"
Marek lächelte kühl zurück.
„Netter Versuch. Für wie blöd hältst du uns?"
Für blöd genug, eine Bank zu überfallen. Für blöd genug, sich einen Unterschlupf zu suchen, den man sich mit Unschuldigen teilen muss. Für blöd genug, nicht mal ein paar Konservendosen mitzunehmen.
Ich zuckte mit den Schultern. „Im Carport hinter dem Haus."
Mareks Blick bohrte sich in meinen als könne er jeden einzelnen meiner Gedanken lesen. „Also, wärst du so freundlich, mitzukommen und mir den Weg zu zeigen?"
Ich meinte zu spüren, dass ich blass wurde, und konnte die gleiche Reaktion in Sebastians Gesicht sehen.
Meine Gedanken überschlugen sich. Vielleicht konnte ich jemanden im Supermarkt aufmerksam machen! Mein Herz schlug schneller und obwohl mich Sebastian alarmiert ansah, nickte ich.
„Gut." Marek nickte. „Ich bin mir sicher, dass du keine Dummheiten anstellen wirst, so lange deine Freunde hier sind. Sollten wir nicht innerhalb einer Stunde zurück sein, oder die Polizei hier aufkreuzen, hat dein Freund eine Kugel im Kopf."
Das stoppte meine Gedanken und ließ mich trocken

schlucken. Steinbach sah aus, als würde er sich jetzt schon darauf freuen.

Ich kniff die Augen zusammen.

„Unter einer Bedingung: keine Knebel mehr!" Kommunikation konnte nicht schaden, wenn wir gemeinsam einen Plan aushecken wollten, um hier herauszukommen.

Steinbach grunzte. „Ich frage mich, wie du auf die Idee kommst, Bedingungen stellen zu können?"

Gute Frage. Ich ging besser nicht näher darauf ein, sondern konzentrierte mich auf Marek.

Der runzelte die Stirn, nickte dann aber. „Wenn alles reibungslos läuft – okay."

„Frauenversteher", murmelte Steinbach abfällig.

Genervt sah Marek in seine Richtung. „Warum willst du es dir unbedingt mit den dreien verscherzen? Wir haben einen Deal, sie machen uns keinen Ärger, wir machen ihnen keinen Ärger. Es gibt keinen Grund, unhöflich zu werden, solange sich jeder daran hält."

„Aber Ärger macht mehr Spaß", sagte Steinbach provozierend.

„Wenn du Ärger willst, lauf los in die nächste Polizeikontrolle", antwortete Marek.

„Ja, denn du bist hier ja der Boss! Der, der alles organisiert, damit die Übergabe reibungslos läuft." Steinbach verzog hämisch die Lippen.

„Ich bin der mit der Knarre."

Steinbach spuckte auf den Fußboden und ich konnte nicht anders, als mein Gesicht angeekelt zu verziehen.

Marek winkte Bär zu sich heran und nahm die Pistole hinten aus dem Hosenbund. „Du weißt was zu tun ist, falls ich nicht zurückkomme."

Bär nickte ernst und sah mich an, als wollte er mir einschärfen, keinen Fehler zu machen. Vielleicht, weil er keine Lust hatte, irgendjemanden zu erschießen.

Dann löste Marek meine Handschellen und ich konnte aufstehen. Meine Beine kribbelten so sehr vor Schmerz, dass ich gleich wieder zusammengesackt wäre, hätte er mich nicht aufgefangen. Ich musste mich an ihm festhalten, bis der Schmerz nachließ.

Dann gab ich ihm unseren Autoschlüssel und wir machten uns auf den Weg. Fahren sollte ich nicht und da meine Beine sich ziemlich wackelig anfühlten, war ich auch verdammt froh darüber. Da mein ursprünglicher Plan, irgendjemanden zu alarmieren, im Keim erstickt war, musste ich mir etwas anderes ausdenken.

„Gibt es nicht vielleicht einen besseren Ort, an dem ihr unterkommen könntet?", fragte ich vorsichtig. In unserem winzigen Ford konnte man jedes einzelne Schlagloch auf dem verlassenen Waldweg überdeutlich spüren. Die Bäume und Büsche standen erstaunlich dicht, wie eine Mauer.

„Tut mir Leid, Süße. Wie stellst du dir das vor?"

Mein Blick wanderte durch die Seitenscheibe, damit ich nicht in Gefahr geriet, dass mir Marek ins Gesicht sehen konnte. Eine gute Lügnerin war ich noch nie gewesen.

„Na ja, bei uns ist es gefährlich. Es könnte jederzeit einer unserer Freunde vorbeikommen und sich wundern, warum wir nicht aufmachen."

Marek lachte. „Wirklich rührend, wie du dich um unser Wohlbefinden sorgst."

Mein Gesicht fühlte sich heiß an. Zwischen den Bäumen glaubte ich, mehrere Hirschkühe zu erkennen, die reglos in unsere Richtung starrten, und meine Hand verkrampfte sich um den Haltegriff oberhalb des Autofensters.

„Ein Ort wie dieser …", fügte er langsam hinzu, „ … ist

wie dafür geschaffen, um sich von der Welt abzuschotten. Ein Ferienhaus mitten im Wald – eure Freunde sind vermutlich mehrere Stunden entfernt und bei dem schlechten Handyempfang daran gewöhnt, euch nicht zu erreichen."

Ich schluckte hart. Niemals hätte ich damit gerechnet, dass es so einfach war, meinen Bluff zu durchschauen. Nicht nur, dass wir von fast allen Freunden über 150 Kilometer entfernt waren, wir hatten sogar noch mitgeteilt, dass sie uns in Ruhe arbeiten lassen mögen und uns niemand stören sollte. Im Nachhinein hätte ich mich selbst ohrfeigen können.

Marek bog von unserer Seitenstraße auf die Hauptstraße ab. Merkwürdigerweise hatte ich Angst, dass uns die Polizei anhalten könnte. Dabei hätte ich mir das wünschen sollen. Ich konnte noch nicht einmal mit Sicherheit sagen, woher das Gefühl kam.

Wahrscheinlich war es nur Angst um Sebastian, denn schließlich wusste ich ja, was ihm drohte, sollten Marek und ich auf dem Weg verschwinden.

Marek warf mir einen kurzen Blick zu und schüttelte dann den Kopf. „Es tut mir wirklich leid, dass wir euch da reingezogen haben."

„Ich hatte nicht das Gefühl, dass es Steinbach besonders leidtut."

„Ich kann nicht für ihn sprechen, nur für mich. Steinbach ist ein Psychopath."

„Warum arbeitest du dann mir ihm zusammen?"

„Ich habe mir das nicht ausgesucht." Er klang so, als wolle er sich ehrlich bei mir entschuldigen. Natürlich hatte er allen Grund dazu, aber dass er das auch einsah, erschien mir dennoch ungewöhnlich.

Ich schüttelte den Kopf. „Es war deine Entscheidung,

oder?"

„Nicht wirklich. Wenn es nach mir ginge, würde ich jetzt studieren, so wie du." Um seinen Mund legte sich ein bitterer Zug, und er ließ den Motor aufheulen. „Dann würde ich jetzt zusammen mit meinen schicken Freunden bei Starbucks sitzen und irgendeiner Studentin irgendwas Philosophisches vorheucheln, um sie zu beeindrucken." Ein wunder Punkt. Es könnte nützlich sein, da nachzuhaken. Oder ich könnte mir einen Feind machen. Ich ließ es darauf ankommen. „Und warum überfällst du stattdessen Banken?"

Er warf mir einen jetzt eher feindseligen Blick zu, und schwieg eine Zeit lang. „Mach nicht auf Hobbypsychologin. Es geht dich nichts an."

„Natürlich geht es mich nichts an. Ich bin nur das Mädchen, das mit schmerzenden Gelenken in einem Wohnzimmer angekettet ist und ihrem Kumpel beim Ersticken zusieht!"

Spätestens an diesem Punkt nahm das Gespräch eine andere Richtung als ich es mir gewünscht hätte. Von der Vorstellung, Marek davon zu überzeugen, uns gehen zu lassen, konnte ich mich wohl verabschieden.

„Entschuldige, wenn wir einen kurzen Augenblick deiner kostbaren Lebenszeit in Anspruch nehmen, ich bin sicher, es gibt auf der Welt keine größeren Probleme, als dass du unbequem sitzt."

„Und ich bin sicher, dass es absolut keine andere Möglichkeit für dich gibt, an Geld zu kommen, als irgendwelchen kleinen Sparern ihre letzten Kröten vom Konto zu klauen und dabei mit einer Pistole rumzufuchteln!"

Marek schlitterte fast ungebremst auf den Supermarktparkplatz, und fuhr so rasant in eine Parklücke, dass ich Angst hatte, er würde das gegenüberliegende Auto rammen. Er zog heftig an der Handbremse, und zischte: „Damit hast du verdammt recht. Und jetzt halt die Klappe."

KAPITEL 4

LINNA UND NICOLAI

Ich schob mich aus der zerbeulten Tür unseres alten Ford und warf Marek noch einen Blick zu, aber er weigerte sich, mich anzusehen. Etwas war an ihm, das mich neugierig machte, das schwer in Worte zu fassen war – eine Art trotzige Entschlossenheit, aber das war nicht alles. Ich schüttelte leicht den Kopf und konzentrierte mich darauf, ihm in nicht allzu großem Abstand zu folgen.

„Tut mir leid", murmelte ich zu meinem eigenen Erstaunen.

Er nickte abgehackt und trat durch die Glasschiebetür, die sich vor uns öffnete. Sein Blick tastete unauffällig über die Kunden und eine ältere Frau, die die Regale einräumte.

Niemand beachtete uns. Es war, als würde ich mit Sebastian einkaufen gehen und nicht mit einem Bankräuber, der mich und meine Freunde als Geiseln genommen hatte.

Eine Frau schimpfte mit ihrem Kind, weil es sich Süßigkeiten in die Tasche gesteckt hatte, ein Mann beschwerte sich über vergammeltes Obst. Niemand rief die Polizei, obwohl ich das deutliche Gefühl hatte, man müsse uns die Andersartigkeit ansehen. Es war surreal.

Gemächlich schob ich den Einkaufswagen und wandte mich an Marek. „Also? Was wollen wir essen? Brauchen wir sonst noch etwas? Klopapier? Zahnpasta?" Es war nicht leicht, den ironischen Tonfall in meiner Stimme zu unterdrücken, und ich war sicher, dass ich ein winziges

Lächeln auf Mareks Lippen sah. Er lotste mich zwischen zwei Regale voller Konserven, und begann, haufenweise Dosenravioli in den Einkaufswagen zu schichten.

Empört stemmte ich meine Hände in die Hüften. „Das ist nicht dein Ernst, oder?"

Er hielt inne und sah mich mit irritiert an. „Was?"

Entschlossen begann ich, die Dosen wieder zurück ins Regal zu stellen. „Dosenfraß kommt bei mir nichts ins Haus. Meine Jungs werden nicht mit Glutamat und E-Stoffen vergiftet. Bei mir gibt es nur richtiges Essen."

Unglauben zeichnete sich in seinem Gesicht ab. „Und wie stellst du dir das vor? Ich bin leider kein besonders guter Koch, und die anderen ... "

Ich ergriff den Einkaufswagen, und steuerte zielstrebig die Obst- und Gemüseabteilung an, an der Marek vorhin blindlings vorbeigelaufen war. „Macht nichts. Ich koche gern."

Aus den Augenwinkeln konnte ich sehen, dass er lächelte. Auf seiner Wange bildete sich ein Grübchen. „Also sind wir jetzt auch ... hm ... deine Jungs? Machst du dir etwa Sorgen, uns mit Glutamat zu vergiften?"

„Machst du Witze? Es ist nur ... " Der Satz verebbte auf meinen Lippen und ich wünschte, ich hätte gar nicht davon angefangen.

Nachdem die Pause lang und länger geworden und der Stapel Kartoffeln, Möhren, Brokkoli und Tomaten im Einkaufswagen zunehmend gewachsen war, beendete Marek das angespannte Schweigen. „Es ist nur was?"

Grinsend fügte er hinzu: „Komm schon, du kannst mich doch jetzt nicht neugierig sterben lassen."

„Kann ich nicht?", antwortete ich trocken und wechselte das Thema. „Wenn wir zwei Hühner und Weinflaschen holen, könnte ich uns Coq au vin machen, und es gibt sogar richtig schöne Orangen. Ich habe schon ewig lange keine Ente à l'Orange mehr gemacht, aber das würde euch wohl auch zu lange dauern. Als Nachtisch könnte ich meinen Eierkuchen aus dem Backofen mit Weintrauben und Erdbeeren machen ..."

Marek senkte seine Stimme. „Hey, komm schon. Du solltest schließlich Angst haben und alles machen, was wir sagen, oder? Ist es da zu viel verlangt, für deine Sicherheit, meine Neugier zu befriedigen?"

Das breite und beinahe entspannte Lächeln auf seinem Gesicht verriet mir, dass er es nicht einmal einen Bruchteil so ernst meinte, wie es sich anhörte, und aus einem dummen Grund musste ich zurückgrinsen und verdrehte die Augen. „In meiner Schule gab es kein Mittagessen und meine Eltern haben beide den ganzen Tag gearbeitet. Meine Mutter hat mir immer eine Dose oder eine Fertigsuppe in die Küche gelegt. Irgendwann hing mir das Zeug so zum Hals heraus, dass ich immer die Sachen aus den Kochsendungen nachgekocht habe. Seitdem mache ich einen Bogen um Ravioli."

„Ich hätte eher erwartet, dass du Hundefutter in der Mikrowelle aufwärmst, und vorher noch einmal reinspuckst. Das hätte ich wahrscheinlich an deiner Stelle gemacht." Er seufzte. „Allerdings hält sich der ganze Kram nicht lange und wir können nicht ständig hierher fahren. Ein bisschen Dosenfutter muss sein."

Unvermittelt blieb ich neben dem Tiefkühlfisch stehen. „Wie lange wollt ihr denn bleiben?"

„Wir haben einen Termin zu erledigen, der möglichst bald stattfinden sollte." Er sah sich aus den Augenwinkeln um, ob uns niemand zuhörte. „Der genaue Zeitpunkt hängt aber von Dingen ab, die ich nicht beeinflussen kann", erklärte er vage. Marek lehnte sich auf unseren mittlerweile vollen Einkaufswagen und sah mich unverwandt an. Im Licht des Supermarktes sahen seine Augen nicht mehr nur dunkel aus, sondern ich konnte feine, graue Einsprengsel erkennen, wie Silberstaub auf schwarzem Samt. Ich senkte den Blick und räusperte mich.

„Wir brauchen noch Fleisch", sagte ich, bewegte mich aber nicht von der Stelle.

Einen Augenblick verharrten wir so, dann fühlte ich seine Hand an meiner Lende. Die Berührung war sanft, aber gleichzeitig kräftig und ich konnte die Hitze der Haut durch den Stoff meines T-Shirts spüren. Ein unerwarteter Schauer durchlief mich, sodass ich einen Schritt verpasste und fast gestolpert wäre.

Mein Herz schlug schnell, zu schnell, als dass ich es hätte abtun können. Was tat ich da? Ich versuchte, mir Sebastians Gesicht in Erinnerung zu rufen, und die Gefahr, in der er schwebte, wenn wir uns nicht beeilten.

„Kara?!" Eine Stimme riss mich aus meinen Gedanken, und ich fuhr wie ertappt zusammen und machte einen kleinen Satz, um aus Mareks Reichweite zu kommen. Ich drehte mich um und sah ein rothaariges Mädchen mit vollen Locken auf mich zueilen.

„Ähm, hey … Linna, richtig?" Ich knetete meine Hände.

„Was machst du denn hier?" Mit einem nervösen Blick Richtung Marek fügte ich hinzu: „Linnas Oma gehört das Ferienhaus, das wir gemietet haben. Wir haben uns kurz bei der Übergabe gesehen."

Linna taxierte Marek von Kopf bis Fuß und wandte sich dann wieder mir zu. „Und wir haben uns gleich super verstanden! Wir haben sogar abgemacht, dass man mal was zusammen machen könnte, oder, Kara? Natürlich erst wenn ihr mit dem Bachelor fertig seid und euch nicht mehr vom Rest der Welt abkapselt." Ich lächelte gequält und hätte Linnas Geplapper am liebsten abgewürgt, aber sie hatte ohnehin keinen Blick für mich. „Wir könnten zusammen ausgehen und du bringst deine Mitbewohner einfach mit. Ich kann mich gar nicht an dich erinnern, von der Übergabe?" Sie sah zu Marek herüber und lächelte auf sehr eindeutige Art und Weise. „Es ist nur, ihr habt für drei Personen gemietet, der Preis steigt, wenn mehr Leute in der Wohnung sind. Aber ich wäre natürlich bereit, ein Auge zuzudrücken. Vielleicht kann man sich ja mal auf einen Kaffee treffen, wie war noch gleich dein Name?"

Meine Gedanken rasten. „Wir, ähm ... also, das ist ein, äh, Freund von Sebastian, Tim."

Marek nickte stumm, und ich fuhr fort. „Tim ist uns nur kurz besuchen gekommen, deshalb brauchen wir ein paar Sachen." Ich zeigte auf den Einkaufswagen.

Linna legte den Kopf schräg. „Und wo ist Sebastian? So hieß doch dein Freund, oder?"

Es dauerte eine Sekunde zu lange, bevor ich antworten konnte. „Lernt. Du weißt ja ... die Bachelorarbeit."

Linna legte den Kopf auf die andere Seite und ihre Locken wippten bei der abrupten Bewegung. „Und warum kommt ihn sein Freund dann gerade jetzt besuchen?"

Für einen Augenblick vergaß ich, Luft zu holen, ehe ich antworten konnte. Warum nur musste ich so eine miserable Lügnerin sein? „Er war zufällig in der Gegend, das war nicht so richtig geplant."

Sie kniff misstrauisch die Augen zusammen. „Hm ... kann ich dich kurz unter vier Augen sprechen?", fragte sie in meine Richtung gewandt. Mein Herz machte einen ängstlichen Satz. Ahnte sie etwas?

Sie schob mich zu den Regalen mit veganen Produkten,

vor denen kein Kunde zu befürchten war. „Was hat das bitte zu bedeuten?", zischte sie.

Ich sah sie verwirrt an. „Was?"

„Hast du was mit dem Kerl?"

Wieder spürte ich, dass mir Blut in den Kopf schoss. Nicht gerade eine günstige Reaktion. „Blödsinn! Er ist nur ein Freund von ..."

„Ja, ja, schon klar. Ein verdammt gutaussehender Freund, der dich gerade verdammt zärtlich angefasst hat. Aber na ja, wenn du sagst, da ist nichts, dann hast du ja auch sicher nichts dagegen, wenn ich ihn nach seiner Handynummer frage, oder ...?"

Linna hatte eindeutig ein intuitives Gespür für die falschen Typen. Ich seufzte. „Nein. Natürlich nicht."

Sie grinste und nickte zufrieden. Immerhin hörte sie auf zu fragen, und lief schnurstracks zu Marek zurück. „Hey, Tim." Sie setzte wieder ihr Lächeln auf und schüttelte ihren Kopf leicht, sodass ihr ihre Locken ins Gesicht fielen. „Wie lange bist du denn noch so hier?"

Marek warf mir einen schnellen Blick zu, und ich zuckte hilflos mit den Schultern.

Er erwiderte ihr Lächeln. „Ich weiß es noch nicht so genau."

„Vielleicht hast du ja mal Lust, etwas anderes hier in der Gegend zu sehen als Omas miefige Ferienwohnung. Das Dorf ist zwar nicht so groß, aber es kommt ja immer auf die Leute an, mit denen man etwas macht, oder? Gehst du gern aus?"

Marek atmete auf und warf ihr einen zuckersüßen Blick zu. „An sich schon. Aber leider bin aus beruflichen Gründen hier und habe nicht viel Zeit."

Irgendwie gefiel mir dieses Gespräch nicht. Ich sah auf die Uhr. Es war schon eine halbe Stunde vergangen, und wir hatten nicht einmal alle nötigen Sachen zusammen. Also schob ich den Wagen in die Fleischabteilung und warf Hähnchen, Ente und Lachs ein wenig zu schwungvoll in den Wagen. Eine der Tomaten zerplatzte und ich fluchte.

„Deine Freundin ist ganz schön hartnäckig." Marek stand wieder hinter mir.

Mit einem Seufzen nickte ich. „Tut mir leid. Ich habe den Rest besorgt, außerdem noch Seife, ein bisschen Klopapier und Zahnpasta. Wir können also wieder nach Hause."

Eilig riss ich den Wagen herum und eilte Richtung Kasse, wo ich alles aufs Band legte. Als ich fertig war, standen wir schweigend nebeneinander und warteten.

„Wie bist du sie losgeworden?", fragte ich.

„Von Loswerden kann keine Rede sein. Ich habe gesagt, ich hätte kein Handy, und dass wir uns beim nächsten Einkauf darüber unterhalten."

Der Einkauf wurde verdammt teuer. So viele Lebensmittel hatte ich noch nie auf einmal gekauft. Ich hatte aber auch noch nie für so viele Leute gekocht.

Noch immer schweigend luden wir alles in den Wagen und setzten uns wieder.

Er zog sein Handy, nein, sein iPhone hervor. Mondän. „Alles gut gelaufen. Wir befinden uns auf dem Rückweg. Keine Gefahr." Schon hatte er aufgelegt, ohne die Antwort vom anderen Ende abzuwarten.

Er drehte sein Gesicht zu mir und machte keine Anstalten, das Auto anzulassen. Der alte Ford war verdammt eng, und ich rutschte ein wenig Richtung Autotür, damit wir uns nicht ganz so nah waren. „Du hast dich vorhin gut geschlagen. Ich dachte, du verrätst uns."

Einen Augenblick lang hätte ich fast gesagt, dass ich ihn

nicht unnötig in Gefahr bringen wolle, dann biss ich mir auf die Lippe. Was war los mit mir? Wahrscheinlich nur irgendein Reflex.

Die Sonne fiel durch die Frontscheibe und ließ die silbernen Einsprengsel in seinen Augen aufleuchten. „Ich habe dich vorhin unnötig angefahren. Tut mir leid. Du hast jedes Recht, sauer zu sein."

„Schon gut." Ich konzentrierte mich auf meine Hände, die ich auf meinem Schoß fest ineinander verknotet hatte. „Ich habe mir diese Chaoten nicht ausgesucht. Wir sind einander zugeteilt worden. Wir stehen alle bei demselben Typen in der Kreide, deshalb hatten wir keine Wahl."

Ich konnte nicht anders als ihn zweifelnd anzusehen.

Er fuhr fort. „Meine Mama hatte eine tolle Geschäftsidee. So toll, dass sie nach einem halben Jahr pleite war und wir gar nichts mehr hatten. Wenn sie sich das Geld bei einer normalen Bank geliehen hätte, hätte sie wenigstens in Privatinsolvenz gehen können. Aber der Typ, von dem sie das Geld hatte, wurde ungemütlich. Hat unsere Reifen zerstochen und meine Katze umgebracht. Kleinigkeiten, aber uns hat all das Angst gemacht. Irgendjemand muss ihre Schulden abbezahlen, also musste ich mir eine gut bezahlte Arbeit suchen. Da war ich 16." Gedankenverloren sah er aus dem Seitenfenster, schien die Leute, die ihre Einkäufe über den Parkplatz schoben, aber nicht richtig wahrzunehmen. „In unserem Viertel gab es kaum Arbeit, aber mit zwei Dingen konnte man gutes Geld verdienen. Also habe ich Drogen verkauft, weil mir die Alternative noch weniger gefallen hätte."

„Alternative?"

Er wandte den Kopf in meine Richtung und sah mich ein paar Sekunden lang an, als wäre die Antwort ganz offensichtlich, bis ihm klar wurde, dass sie sich für mich nicht ganz so offensichtlich darstellte. „Prostitution", sagte er trocken.

Mein Mund klappte auf und das ganze Blut meines Körpers schien auf einmal in meinem Kopf zu zirkulieren. Ich kam mir wirklich unglaublich dämlich und naiv vor. „Oh."

„Drogenhandel ist gut bezahlt und da ohnehin alle Bullen in meinem Stadtteil geschmiert waren, auch ziemlich ungefährlich. Ich hatte fast die ganzen Schulden zurückbezahlt, als ich überfallen worden bin. Eine Gang hat mir den ganzen Stoff abgeknöpft. Und der war mehr wert als alles, was ich in der ganzen Zeit verdient hatte. Mein Boss will also seine Kohle zurück."

Verständnislos schüttelte ich den Kopf. „Das ist doch nicht deine Schuld. Warum holt er das Zeug nicht von denen zurück, die dich bestohlen haben?"

Er lächelte, aber seine Augen blieben kühl. „Es ist ihm doch egal, woher das Geld kommt. Und wenn er sich mit der Gang anlegt, ist das für ihn gefährlicher, als mich dafür verantwortlich zu machen. Er hat mir nicht viel Zeit gegeben. Keinem von uns. Und wenn wir nicht zahlen können ..." Er schwieg.

Ich kam mir unheimlich naiv vor. Das war nicht meine Welt. Meine Eltern hatten nie Schulden gehabt. Und wenn, dann hätten sie ganz bestimmt nicht von mir erwartet, dass ich sie zurückzahle. Drogenhandel, Prostitution, das waren Sachen, die man im Tatort sah. Und wenn man den Fernseher abschaltete, war es weiter weg als die nächste Landesgrenze.

Ich senkte beschämt den Kopf und war froh, dass er meine Gedanken nicht hören konnte.

Marek ließ den Motor an, und wir fuhren zurück.

Gerade waren wir vor der kleinen Hütte angekommen,

da klingelte sein Handy. Die Mondscheinsonate von Beethoven. Schon die ersten Töne jagten mir einen Schauer über den Rücken.

Marek sah auf das Display und flüsterte: „Das ist er." Dann drückte er auf Annehmen. „Ja?"

Ich konnte die Stimme am anderen Ende nur leise und unverständlich brummen hören.

„Ja, haben wir. Wir sind bis zum Treffpunkt gefahren, wie vereinbart. Leider waren ein paar Urlauber drin. ... Nein. Sind gefesselt. ... Keine Gefahr. Sollte nicht nötig sein. ... Wir können im Augenblick nicht über die Landstraßen, da sind wir zu leicht zu finden."

Das Brummen am anderen Ende wurde lauter, und Marek rutschte ein Stück in seinem Sitz herunter, sodass es fast aussah, als würde er schrumpfen. „Wir wären froh, wenn es nicht so lange dauerte, aber natürlich ... Das wollte ich auf keinen Fall! OK, wir warten."

Aus dem Brummen wurde ein Knurren.

Marek schluckte, und sein Brustkorb hob und senkte sich unregelmäßig. „Das ist absolut nicht nötig, wir tun was wir können. Es tut mir wirklich leid, bitte ..."

Er nahm das iPhone von seinem Ohr. Offensichtlich war am anderen Ende der Leitung aufgelegt worden. Sein Gesicht war blass und er stieg wortlos aus. Ich folgte ihm und kramte unseren Einkauf zusammen, dann hetzte ich ihm in unsere Wohnung hinterher.

Bär und André saßen auf der Couch und zockten auf ihrer Playstation FIFA. Steinbach trank ein Bier und sah aus dem Fenster.

Sofort stürzte ich zu Sebastian, um zu sehen, ob es ihm gut ging. Er und Marco atmeten erleichtert auf, als sie mich sahen, und ich legte meine Arme um Sebastians Kopf und zog ihn zu mir heran.

„Schade", dröhnte Steinbach. „Nur ein paar Minuten länger … "

Ohne ihn zu beachten, kümmerte ich mich um Sebastian. Da ich mit Marek vereinbart hatte, dass er seinen Knebel loswürde, wenn ich mich anständig benahm, löste ich den Knoten an seinem Hinterkopf.

„Alles okay mit dir?" Sebastians tiefe Bassstimme beruhigte mich immer. Ich legte mein Ohr an seinen Brustkorb, um das Vibrieren in meiner Wange zu spüren. „Alles in Ordnung."

Es war gut, wieder hier zu sein. Nicht so verwirrend. Und gefährlich, in vielerlei Hinsicht.

Hinter uns konnte ich Mareks Stimme hören. „Nicolai hat angerufen."

Das Gegröle aus dem Fernseher verstummte. André, Bär, und Steinbach sahen ihn an.

„Wir sollten ins Nebenzimmer gehen", fügte Marek hinzu.

Steinbach kam zu mir herüber und riss mich an der Schulter zurück. „Genug gekuschelt." Er zog die Handschellen hervor und ließ sie enger um mein Handgelenk zuschnappen, als es nötig war. Ich verzog das Gesicht, beschwerte mich aber nicht. „Bitte …", sagte ich an Marek gewandt. „Marcos Asthmaspray liegt im Nebenzimmer, vielleicht könntest du …?" Seine Miene blieb ausdruckslos, als hätten wir auf dem Weg kein Wort miteinander gewechselt. Als hätte er mir nichts von seiner Mutter erzählt und ich keinen belanglosen Blödsinn über meine Abneigung gegen Fertigessen.

Alle vier verschwanden im Arbeitszimmer und Marco, Sebastian und ich waren allein. Sobald die Schlafzimmertür hinter ihnen zugefallen war, beugten sich beide zu mir heran.

„Und?", frage Sebastian. „Konntest du irgendjemanden um Hilfe bitten?"

Ich schüttelte den Kopf. „Nein, nicht ohne euch in Gefahr zu bringen."

„Wir müssen hier raus", schaltete Marco sich ein. „Und ich habe auch schon eine Idee, wie. Ich erzähle es euch heute Nacht, wenn die vier schlafen."

Wir alle nickten, auch wenn mir nicht ganz wohl bei der Sache war.

Aus dem Arbeitszimmer hörten wir laute Stimmen, konnten aber nicht genau verstehen, worum es ging. Nur, dass es ein Streit war, war unschwer auszumachen.

„Vielleicht ist auch jetzt ein guter Moment um …"

Die Tür des Arbeitszimmers ging auf, und wir alle setzten uns kerzengerade hin und hielten den Mund.

Marco flüsterte noch einmal: „Heute Nacht." Dann biss er die Zähne zusammen, als sich Bär wie ein Berg über ihn beugte, seine Miene vollkommen unbewegt. Etwas Kleines, Weißes fiel in Marcos Schoß. Es war das Asthmaspray. Bär nickte leicht, und verschwand dann durch die Terrassentür nach draußen.

KAPITEL 5

DER PLAN

Die Zeit bis zum Abend verstrich, ohne dass etwas Bemerkenswertes passierte.

Dann fing André an zu stöhnen. „Ich hab solchen Kohldampf. Solltet ihr nicht was zu essen holen?"

Steinbach grinste dreckig. „Die waren wahrscheinlich mit was anderem beschäftigt." Er grunzte und lehnte sich auf dem Sofa zurück. „Weißt du, was ich mache, wenn ich hier raus bin? Ich hol mir erst mal ne Nutte. Oder zwei. Ich weiß schon, was ich mit denen alles anstellen werde."

André lachte.

Ich räusperte mich. „Wenn ihr Hunger habt, solltet ihr mich losmachen. Ich koche."

„Das gefällt mir!", lachte Steinbach. „Wenigstens weißt du, wo du hingehörst." Er stand auf, und ging zu unserem Wohnzimmerschrank herüber. Auf dem obersten Regal lagen die Schlüssel für unsere Handschellen. Dann beugte er sich zu mir herunter. Seine Hand schob sich meinem T-Shirt entgegen, und noch bevor ich reagieren konnte zog er an meinem Ausschnitt und warf einen Blick auf meine Brüste.

Vollkommen unkontrolliert stieß ich einen Schrei aus, der zwischen Angst und Empörung lag.

Neben mir zerrte Sebastian an seinen Handschellen.

Steinbach holte aus und verpasste mir eine Ohrfeige, die mich so heftig traf, dass mein Kopf auf dem Tisch aufprallte. Brennender Schmerz biss sich in meine linke

Gesichtshälfte und aus meiner Nase tropfte warmes Blut. Undeutlich konnte ich Mareks Stimme hören. „Was ist hier los?"

„Das Biest hat geschrien!", grollte Steinbach.

Sebastian neben mir fauchte. „Wenn du meine Freundin noch einmal angrapscht, reiße ich den ganzen Tisch auseinander und schlage dich mit bloßen Händen tot."

„Ach ja?" Steinbach streckte wieder seine Hand nach mir aus, und ich konnte seine groben Hände unter mein T-Shirt gleiten fühlen. Mein Magen zog sich zusammen.

Neben uns klickte etwas.

„Finger weg." Marek zielte mit der Pistole auf Steinbachs Schläfe.

Der hob langsam die Hände.

„Du verstehst ja echt gar keinen Spaß, Alter", sagte André.

Marek nickte. Seine Augen waren kühl und sein Gesicht so versteinert, dass ich jeden Augenblick damit rechnete, dass er abdrückte. „Ich habe mit Kara eine Abmachung, und wenn sich alle daran halten, hat keiner von uns ein Problem. Und wenn irgendjemand unsere Sicherheit gefährdet, knalle ich ihn ab. Wenn du das bist, Steinbach, umso besser."

„Willst du die Kleine für dich alleine, oder was?", fragte Steinbach, der jetzt zwar die Finger von mir ließ, aber dennoch sichtlich unbeeindruckt im Angesicht einer entsicherten Pistole war.

„Und wenn schon." In diesem Augenblick fiel mir zum ersten Mal auf, wie jung Marek aussah. Zwar hielt er die Waffe mit ruhiger Hand, aber dennoch hatte ich nicht den Eindruck, dass er bereit wäre, abzudrücken, sondern eher, als hielte er zum ersten Mal eine Pistole.

Auch Steinbach schien meine Vermutung zu teilen, denn

er grinste und entblößte dabei schmutzige Zähne. „Irgendwann musst du schlafen. Und wenn ich dann die Knarre habe, werden wir ja sehen, wie der Hase läuft."

Marek biss die Zähne zusammen.

Beinahe herausfordernd lehnte Steinbach sich nach vorn und damit dem Lauf der Waffe entgegen. „Lässt du mich jetzt an die Handschellen? Dein Liebchen hat versprochen, für uns zu kochen." Damit griff er wieder nach dem Schlüssel und öffnete meine Handschellen.

Noch immer zitternd stand ich auf. Gerade wollte ich hinüber zur Küchenzeile, als es an der Tür klingelte.

Meine Eingeweide schienen sich zu einem riesigen Eisklumpen zusammenzuziehen.

Marek sah mich fragend an.

Ich zuckte mit den Schultern und sah unsicher zurück.

Durch die Tür hindurch drang die gedämpfte Stimme einer älteren Frau. „Hallo? Sind Sie zu Hause? Hier ist Frau Ziller, ihre Vermieterin."

Marek winkte mit der Pistole zur Tür, und ich ging vorsichtig und mit erhobenen Händen hinüber. Mit der Pistole auf das dünne Sperrholz zielend, postierte er sich halb hinter der Tür. „Mach auf und wimmel sie ab. Ein falsches Wort, und ich drücke ab", flüsterte er angespannt.

Ich nickte mechanisch und öffnete vorsichtig die Tür. Marek blieb dahinter verborgen.

Frau Ziller hatte die siebzig schon weit überschritten, trug einen zwar eleganten, aber auch überdimensionierten Hut und ein schrill-grünes Kleid. Ihre Augen waren scharf und klar und heute nicht hinter einer schreiend bunten Sonnenbrille verborgen. „Alles in Ordnung? Ich habe da gerade so was Komisches gehört."

Durch den Spalt hindurch nickte ich und zwang mir ein

Lächeln auf die Lippen. „Wir haben nur gerade einen Film geschaut." Neben mir schwebte der Pistolenlauf und zielte ungefähr auf Kopfhöhe von Frau Ziller.

„Es klang, als wenn Sie geschrien hätten."

„Ein Horrorfilm. Ich bin da empfindlich."

Zwar nickte sie, musterte mich aber dennoch misstrauisch. „Sie bluten da." Die alte Dame zeigte auf ihre Nase, und in ihrem Gesicht konnte ich eine Mischung aus Mitleid und Empörung erkennen, als sie zu einer scharfsinnigen, aber leider falschen Erkenntnis gelangte.

Ich konnte fühlen, dass ich blass wurde. Wenn ich nicht schnell etwas Glaubwürdiges erfand, um Frau Ziller abzuwimmeln und sie auf die Idee käme, hereinzukommen … „Oh, das passiert manchmal, wenn ich mich zu sehr aufrege."

Sie versuchte, an mir vorbei in die Wohnung zu schauen, sodass ich den ohnehin schon schmalen Spalt noch verkleinerte, damit sie nichts zu Gesicht bekam, dass ihr schaden würde. Aus den Augenwinkeln konnte ich sehen, dass Mareks Hand mit der Waffe zitterte – sein Gesicht jedoch wirkte verzweifelt entschlossen.

„Ist wirklich alles in Ordnung? Soll ich vielleicht reinkommen?"

Mein Herz schlug schneller. „Nein! Nein, wirklich nicht. Danke."

Verstohlen beugte sie sich zu mir vor und flüsterte: „Wenn dein Freund dich schlägt, sag einen Ton, und ich rufe sofort die Polizei!"

„Das würde er niemals tun!", sagte ich dermaßen überzeugt, dass sie sich, vorerst, zufrieden gab.

„Weswegen ich eigentlich hier bin, ist eine ganz andere Frage: Wie viele Personen, hatten Sie noch gleich gesagt, sind mit Ihnen gemeinsam hier eingezogen?"

Wie lange sollte dieses Gespräch noch dauern?

Ich konnte spüren, dass sich auf meiner Lippe feine Schweißperlen bildeten, die zu allem Überfluss juckten. „Zwei, außer mir", antwortete ich wahrheitsgemäß.

„Meine Enkelin hat mir berichtet, Sie hätten heute Mittag im Supermarkt etwas von einem Besucher gesagt." Ich konnte schwören, dass Frau Ziller neugierig lauschte, ob sie etwas aus dem Inneren des Hauses hören konnte. Kein einziges Geräusch kam aus dem Ferienhaus. Es war nicht nur still, es war auffällig still.

„Oh, er, er übernachtet nicht hier. Wenn Sie mich jetzt entschuldigen würden, Frau Ziller. Sie wissen ja, ich habe noch einiges für mein Studium zu tun." Ich rang mir ein entschuldigendes Lächeln ab.

„Sagten Sie nicht, Sie hätten gerade einen Film geschaut?" Ich konnte nicht umhin, mir reflexartig den Schweiß von der Oberlippe zu wischen. Meine Hand zitterte, und im ersten Augenblick war ich erstaunt, als Blut daran klebte, da ich vollkommen vergessen hatte, dass meine Nase blutete. „Ja, richtig. Aber im Anschluss werde ich gleich weiterarbeiten."

Frau Zillers Blick durchbohrte mich geradezu, als durchforste sie mein Gehirn nach einer Erklärung dafür, warum man vor dem Lernen einen Horrorfilm anschauen sollte. Dann jedoch verabschiedete sie sich und drehte sich herum.

Ich schloss die Tür, lehnte mich daran und atmete tief durch.

„Du bist eine grauenhafte Lügnerin." Marek ließ die Pistole sinken. Er sah fürchterlich blass aus, und auch ich musste einen Moment die Augen schließen, um mich zu beruhigen.

„Wird's bald? Ich verhungere fast", schnarrte Steinbachs

Stimme aus dem Wohnzimmer. Wie ferngesteuert folgte ich seiner Anweisung. Ich mochte das rhythmische Geräusch, dass das Messer beim Zwiebelschneiden auf dem Schneidebrett machte, den Geruch von Knoblauch, der in Olivenöl garte und das Gefühl, am Ende etwas zu schaffen, das ein Teil von all den Menschen wurde, die meine Gäste waren. Oder meine Geiselnehmer.

Die waren abgelenkt und verfolgten im Fernsehen eine Folge Alarm für Cobra 11. Ich fand eine Sekunde, in der niemand zu mir schaute und steckte ein Steakmesser in meinen Hosenbund. Als ich fertig war, stellte ich sieben verführerisch dampfende Teller auf den Tisch.

André seufzte vergnügt und Bär lächelte ein bisschen. Steinbach nahm sich dreist mein Steak und leckte einmal quer drüber, sodass ich es nicht mehr zurückverlangen wollte. Für Sebastian und Marco war es das erste Mal seit Stunden, dass wenigstens eine ihrer Handschellen gelöst wurde. Ich hatte das Privileg, beide Hände nutzen zu dürfen. Wahrscheinlich, weil ich keine Gefahr darstellte. Umständlich versuchten meine beiden Jungs, mit einer Hand das Fleisch zu zerschneiden, bis ich mich schließlich zu ihnen herüberbeugte und ihr Essen in handliche Bissen zerteilte.

Als alle aufgegessen hatten, machte sich Müdigkeit breit. André und Steinbach gingen ins Nebenzimmer, wo sie sich wahrscheinlich in Sebastians und meinem Bett ausstreckten – nicht ohne uns vorher wieder festzuketten.

Der Gedanke, in einem Bett schlafen zu müssen, in dem Steinbach gelegen hatte, bereitete mir Übelkeit.

Mein Schädel dröhnte noch immer leicht, und ich legte mich auf den Boden, so gut es mit gefesselten Händen eben ging. Entgegen meiner Erwartungen fiel ich nahezu augenblicklich in einen unruhigen Schlaf.

Ein Schütteln an der Schulter weckte mich. Marco trat vorsichtig mit seinem Fuß gegen mich. Ein Blick auf die Uhr zeigte mir, dass es drei Uhr nachts war.

Beinahe hatte ich vergessen, dass er uns seinen Plan mitteilen wollte. Sebastian war schon wach.

Zu meinem Erstaunen war keiner unser ungebetenen Gäste im Zimmer und ich musste mir unweigerlich vorstellen, wie sie sich alle dicht an dicht in Sebastians und mein Bett gedrängt hatten. Marco lag auf der ausziehbaren Couch im Wohnzimmer, die jetzt leer stand.

Marco flüsterte: „Die Schlüssel liegen da oben auf dem Regal. Wenn wir zu dritt den Tisch über unsere Köpfe heben, kann einer von uns danach greifen."

Sebastian nickte aufgeregt. „Wenn wir erst mal im Wald sind, finden die uns nie wieder. Kommt schon." Er richtete sich auf so gut er konnte und packte die Tischplatte an der Unterseite.

Auch Marco stand auf, und flüsterte: „Alles klar! Auf drei!"

Nervös sah ich von einem zum anderen, rührte mich aber nicht von der Stelle. „Wenn wir ein lautes Geräusch machen und die uns entdecken, sind wir erledigt. Ich will nicht, dass einem von euch was passiert."

Marco zischte und schüttelte ungläubig den Kopf. „Was schlägst du denn vor?"

„Wir sollten uns einfach an die Regeln halten und warten, bis sie von allein gehen. Das ist immer noch am ungefährlichsten."

Sebastian stieß einen Seufzer aus. „Ungefährlich? Ich habe heute zu viele Situationen erlebt, bei denen ich mir auf so viele Arten um dich Sorgen gemacht habe, dass ich es mir vorher nicht einmal hätte vorstellen können."

„Natürlich", erwiderte ich. „Aber es werden nur noch

mehr Situationen, wenn wir dieses Risiko eingehen."

Er sah mich ein paar Sekunden lang an. „Ich habe das Gefühl, du willst gar nicht hier weg. Macht dir das Spaß?"

Ich starrte ihn mit offenem Mund an. „Ist das dein Ernst? Der Plan ist einfach schwachsinnig! Glaubt ihr, die wären dumm genug, die Türen nicht abzuschließen? Ihr macht es euch zu leicht."

Noch immer standen beide in der leicht hockenden Körperhaltung da. „Ich bin dafür, wir stimmen ab. Wer dafür ist, dass wir hier abhauen, hebt die Hand. Beziehungsweise, den Zeigefinger."

Sebastians und Marcos Zeigefinger wanderten nach oben. Ich seufzte. Sollte ich die zwei sabotieren und einfach nicht helfen, den Tisch zu tragen? Mir kam der Plan immer noch zu gefährlich vor. Andererseits brachte ich sie vielleicht auch in Gefahr, wenn die zwei es versuchten, und ich unnötigen Lärm verursachte. Also packte ich mit an, und wir hoben den Tisch in die Höhe.

Gerade hatten wir es geschafft, ihn über unsere Köpfe hinauszuheben, als ich hinter uns eine Stimme hörte.

„Zu schade."

Ich fühlte mich wie eingefroren und wagte nicht, mich auch nur einen Millimeter zu bewegen.

„Stellt ihn wieder ab."

Vorsichtig folgten wir dem Befehl, und knieten uns wieder hin.

Es war Marek. Er lehnte an der Küchenwand, direkt neben dem Flur.

Ich biss mir auf die Zunge. Bei der Dunkelheit konnte man dahinten kaum etwas erkennen. Daran hätten wir denken müssen.

„Ihr habt doch nicht wirklich gedacht, dass wir euch unbeaufsichtigt lassen, oder? Es beleidigt mich, dass ihr uns

44

für so dumm haltet."

Marco ließ den Kopf auf die Tischplatte sinken.

Sebastian gab sich nun keine Mühe mehr zu flüstern. „Mir würde es auch zu denken geben, wenn mich jemand für so dämlich hält."

Marek ließ sich nicht aus der Ruhe bringen. „Ich habe nicht das Gefühl, dass du irgendwas dazugelernt hast."

Sebastian funkelte ihn an. „Oh doch. Beim nächsten Mal wird es klappen."

Im schwachen Mondschein konnte ich Marek lächeln sehen. „Dann brauche ich wohl etwas, damit es kein nächstes Mal geben wird." Er griff nach den Schlüsseln auf dem Regal und öffnete meine Handschellen.

Ich starrte ihn sprachlos an. Anstatt daran festgekettet zu sein, klammerte ich mich nun ganz von selbst an die Tischplatte.

Marek zog mich auf die Beine. „Ich denke, deine Freundin sollte dafür geeignet sein."

Sebastian versuchte, nach irgendetwas zu greifen, das in seiner Nähe lag, aber die Handschellen ließen ihm keinen Spielraum. „Du setzt sie sofort wieder hier hin! Was hast du vor?"

Ich fühlte mich wie betäubt und ging wie eine Aufziehpuppe hinter Marek her, der mich in Richtung der Schlafzimmertür zog.

KAPITEL 6

DIE STRAFE

Auf meinem Bett schnarchte Steinbach ohrenbetäubend, André sabberte mein Kopfkissen voll. Auf dem Bürostuhl saß Bär und hatte die Augen geschlossen. Er sah aus, als würde er sich sehr intensiv auf etwas konzentrieren, das vor seinem inneren Auge geschah.

Ob Marek die drei wecken würde? Würde er ihnen erzählen, dass wir versucht hatten, auszubrechen? Und was würde dann geschehen? Mein Herz drückte schmerzhaft und ungewöhnlich schwer gegen meine Rippen, und mein Hals schnürte sich zu, als würde ein sehr feiner Draht mir die Luft abschneiden.

Marek hatte gesagt, dass er mich dafür verantwortlich machen würde, wenn Sebastian und Marco Mist bauten. Also, genau jetzt. Aber wie würden die Konsequenzen aussehen?

Marek rüttelte Bär an der Schulter.

Der öffnete die Augen und schien sofort alle Muskeln anzuspannen.

„Bär, du musst nach drüben gehen und auf die beiden Jungs aufpassen. Könnte nötig sein, dass du sie knebelst. Beantworte ihnen keine Fragen. Kleine Erziehungsmaßnahme." Er reichte Bär die Pistole, und der nickte wortlos.

Ohne mich auch nur anzusehen, verließ er, trotz seiner Größe leise wie ein Schatten, das Zimmer.

Mareks Finger lagen nur lose um mein Handgelenk, und ich testete vorsichtig, ob ich mich unbemerkt herauswinden konnte. Nur einen Wimpernschlag später packte er so fest zu, dass mir vor Schmerz ein leises Stöhnen entfuhr.

Er drehte sich zu mir um. „Hast du Angst?"

Das Spiel von Mondlicht und Nachtschatten auf seinem Gesicht machte es unmöglich zu erraten, welche Antwort er erwartete.

Ich schüttelte steif den Kopf und blickte ihn dabei wahrscheinlich wie ein Rehkitz an, das auf der Fahrbahn in die Scheinwerfer starrt, ohne sich regen zu können.

In meinen Gedanken tauchte wieder das Steakmesser auf, das ich noch immer gut verborgen unter meiner Kleidung trug. Sollte ich es benutzen müssen, wäre ich vermutlich nur einen Augenblick später tot.

Ich warf einen Blick auf Steinbach. Es gab schlimmere Schicksale als zu sterben.

Marek zog mich am Bett vorbei, hinüber zu der kleinen Tür, die auf die Veranda führte, und öffnete sie leise. Was hatte er vor? Aus meiner Angst wurde eine Aufregung ganz anderer Art: Hätte ich vielleicht dort draußen die Chance, zu fliehen? Er schob mich nach draußen und folgte mir, und schloss dann leise die Tür hinter uns. Mit der angenehm erfrischenden Nachtluft wurde aus dem Fiebertraum von Freiheit eine nahezu mit Händen zu greifende Realität.

Mein Hals fühlte sich furchtbar kratzig an, als ich fragte: „Was hast du vor?"

Er lächelte, und das machte mir mehr Angst, als wenn er mir seine Pistole zwischen die Augen gehalten hätte. In meinen Ohren rauschte das Blut während ich versuchte, zu verstehen, was seine Mimik zu bedeuten hatte: Wollte er mich in falscher Sicherheit wiegen? Oder war das Vorfreude auf das, was er mit mir anstellen würde?

Vielleicht Grausamkeiten, die ich mir nicht einmal vorstellen konnte.

„Du bist ja doch nicht so tapfer." Seine Hand machte eine einladende Geste auf den Boden. „Setz dich."

Einen Augenblick lang blieb ich noch die Salzsäule, die ich gewesen war, dann folgte ich seiner Anweisung.

„Wieso?"

„Was gibt es schlimmeres als Ungewissheit? Ein bisschen Strafe muss sein." Er setzte sich neben mich und griff in seine Hosentasche. Mit einer betont lässigen Bewegung förderte er eine Schachtel Zigaretten zutage und schob sich eine davon zwischen die Lippen. Mein Blick verfing sich daran und mir schoss irrsinnigerweise durch den Kopf, dass die Bewegung beinahe sanft aussah. Da er nichts sagte, was meinen nicht sehr zielführenden Gedankengang hätte aufhalten können, hakte ich selbst nach.

„Das ist alles? Du hast mich hierher verschleppt, damit Marco und Sebastian Angst um mich haben?"

„Natürlich. Vielleicht muss ich dann nicht jede Nacht den Babysitter spielen. Aber ..." Er blickte mich einen Moment lang ernst an und zündete seine Kippe an, ohne auch nur hinsehen zu müssen. Seine Augen leuchteten im Licht der orangeroten Flamme für einen kurzen Augenblick auf. „Beim nächsten Versuch kommt ihr nicht so glimpflich davon. Da kannst du dir sicher sein." Er machte eine kurze Pause, dann streckte er mir eine Hand entgegen. „Zigarette?"

Ich starrte noch einen Augenblick dümmlich vor mich hin, dann griff ich nach der Schachtel, ohne darüber nachzudenken.

Die Nachtluft war noch immer von der Hitze des Tages aufgewärmt, und nur ein leichter kühler Hauch umspielte meine Schultern. Der Himmel war sternenklar, und in

weiter Ferne konnte ich das leise Rauschen der Landstraße hören. „Ich könnte einfach abhauen", sagte ich.

„Dann müsste ich dich töten", antwortete er.

„Das würdest du nicht tun."

Ich hörte das Klicken eines Feuerzeugs und sah dann vor
mir die kleine, leuchtende Flamme. „Wieso glaubst du
das?"

Ich beugte mich vor, seiner Hand entgegen, und erinnerte
mich daran, dass meine beste Freundin beim Ausgehen
immer gesagt hatte, nur Schlampen würden sich Feuer
geben lassen. Mit einem tiefen Zug atmete ich scharfen
Rauch ein und stieß ihn dann als Wolke in die Luft. „Weil
du ein Foto deiner Schwester dabei hast."

Er sah mich fragend an.

„Es ist deine Schwester, nicht wahr? Du liebst sie. Und
wenn du weißt, wie es ist, jemanden zu lieben, wirst du
so schnell niemanden umbringen."

Mareks Stimme klang schwer. „Du irrst dich. Eben ihret-
wegen würde ich es doch tun." Durch die Dunkelheit
hindurch versuchte ich, in seinem Gesicht zu lesen, aber
seine Miene blieb undurchdringlich.

Ich schwieg. Irgendwo hinter ihm, in die undurchdring-
lichen Schatten der Bäume, hatte sich ein einsamer Licht-
strahl verirrt, der von einem Paar großer Augen reflektiert
wurde.

„Sie ist der Grund dafür, dass alles glatt laufen muss."
Wieder sah er hinauf in die Sterne, die hier so viel heller
strahlten als in der Stadt.

„Was ist passiert?", fragte ich.

„Nicolai hat sie. Als Pfand."

Stirnrunzelnd nahm ich einen tiefen Zug von der Zigarette. Die Letzte war schon so lange her, dass ich mit viel
Mühe den Drang unterdrücken musste, zu husten. „Was

hätte er davon, sie zu töten?"

„Er wird Elena nicht töten." Etwas leiser fügte er hinzu: „Es geht ja um den Profit."

Noch immer wandte er den Blick nicht vom Himmel ab, was es mir schwer machte, ihn einzuschätzen. Es hätte gut getan, etwas an seiner Miene oder in seinen Augen sehen können. „Ich versteh's nicht."

„Natürlich nicht." Ein leiser, unangenehmer Ton schwang in seiner Stimme mit, irgendwo zwischen Verächtlichkeit und Neid. Die Anzahl der Sekunden überschritt eine normale Sprechpause bei weitem, und fast glaubte ich, er würde mich zappeln lassen, bis ich nachhakte. Dann sprach er doch weiter. „Er wird sie verkaufen. In die Ukraine."

„Verkaufen? Ist sie noch so jung, dass Adoptiveltern sie haben wollen?"

Jetzt sah er mich doch an und in seinen Augen lag eine Mischung aus Wut und Trauer. „Träum weiter! Sie ist sieben. Sie soll nicht an Adoptiveltern verkauft werden, sondern an einen Kinderpornoring."

Gerade hatte ich einen Zug meiner Zigarette inhaliert, jetzt hustete ich doch. „Was?"

Das Wort hallte noch eine Zeit lang in meinem Kopf nach und bedurfte keiner weiteren Antwort. Ich musste mir ein kleines Mädchen vorstellen, das silbergesprenkelte Augen und dichtes, schwarzes Haar hatte, wie er. In meiner Vorstellung hatte sie eine Zahnlücke, und grinste breit auf einem Bild zu ihrer Einschulung. In ihren Armen trug sie eine bunte Schultüte.

Dann schob sich ein anderes Bild davor, das in mir tiefe Abscheu und Wut hervorrief und das ich mit aller Macht zurückdrängen musste.

„Es tut mir leid", flüsterte ich. „Ich werde sie davon abhalten, es noch einmal zu versuchen.

„Gut." Ein weiterer Augenblick der Stille ging vorüber. „Er wird sie zurückgeben, wenn er das Geld abgeholt hat. Bis dahin bleiben wir hier." Er lehnte den Kopf an die Glasscheibe der Verandatür und schloss die Augen.

Ich tat es ihm gleich. Noch einige Momente lang tanzten Bilder von Elena vor meinen Augen, dann schlief ich ein. Das lauter werdende Zwitschern von Vögeln weckte mich. Das Dunkel der Nacht war einem matten Grau gewichen, und auf einem der Bäume starrte mir reglos ein Eichhörnchen entgegen. Mein Rücken fühlte sich an, als hätte ein Elefant darauf Rumba getanzt.

Marek neben mir hatte sich nicht bewegt, nur seine Augen waren jetzt geöffnet. Er lächelte, aber jetzt sah ich zum ersten Mal, dass es ein trauriges Lächeln war. „Du schnarchst ja schlimmer als Steinbach."

Mit einem gespielt bösen Blick streckte ich meinen Rücken durch, ohne dass die Schmerzen abnahmen. Hoffentlich hatte ich nicht im Schlaf gesprochen. Das war nämlich eine meiner weniger angenehmen Eigenarten.

„Es wird Zeit", sagte er. „Ich bring dich zurück."

Steinbach und André schliefen noch immer, als hätte sich ein Anästhesist an ihnen vergangen. Im Wohnzimmer hockten Marco und Sebastian. Marco hatte seinen Kopf auf die Tischplatte gelegt und war anscheinend eingeschlafen, Sebastian aber hatte sichtlich kein Auge zugemacht. Bär hatte ihn tatsächlich wieder geknebelt und er zerrte noch immer an seinen Handschellen, als hätte er in der ganzen Zeit nicht damit aufgehört. Als er mich sah, weiteten sich seine Augen.

Mit einem Blick versuchte ich, ihm zu signalisieren, dass alles in Ordnung war, aber er sah alles andere als beruhigt aus.

„Willst du ins Badezimmer?", fragte Marek.

Nach den Stunden auf dem kalten Verandaboden fühlte ich mich jetzt doch durchgefroren und nickte dankbar.

Unter der Dusche kam mir die Welt ein Stück normaler vor. Als könnte ich gleich im Bademantel aus dem Bad kommen und Sebastian mit einem Kuss wecken. Das Zähneputzen rief in mir die Erinnerung an meine Vorlesungen wach, und ich sehnte mich nach 90 Minuten gepflegter Langeweile bei meinem Statistikprofessor. Beim Haareföhnen ließ ich mir viel Zeit. Ich wollte nicht zurück an den Wohnzimmertisch. Stattdessen hing ich in Gedanken bei Marek und seiner kleinen Schwester fest, und ein wenig schämte ich mich dafür, wie ich ihn vorverurteilt hatte, ohne die Gründe zu hinterfragen.

Hätte ich in seiner Situation nicht genauso gehandelt?

Die Haut an meinen Handgelenken war schon aufgescheuert von den Fesseln. Ich tupfte ein bisschen Bepanthen darauf und steckte die Cremetube in meine Hosentasche.

Dann musste ich doch die Sicherheit des Badezimmers verlassen und kniete mich mit einem leisen Seufzer neben Sebastian, wobei meine Knie ein unschönes Knacken von sich gaben. Mein Rücken schien von der Vorstellung geradezu empört, mich wieder krumm an einen Tisch zu hocken. Ich sah Sebastian fest in die Augen. „Es ist alles in Ordnung. Mir ist nichts passiert. Ich nehme den Knebel raus und du wirst nicht anfangen, herumzuschreien, okay?" Ich warf einen überprüfenden Blick in Mareks Richtung, der nichts dagegen einzuwenden haben schien, bevor ich Sebastian von meinem Halstuch befreite und mir die Handschellen selbstständig wieder anlegte.

„Was hat er gemacht?", fragte Sebastian. „Ich schwöre dir, wenn ich hier rauskomme, steche ich das Schwein persönlich ab, wenn er dich auch nur falsch angesehen hat."

„Psst", zischte ich. „Er hat gar nichts gemacht. Wollte euch nur einen kleinen Denkzettel verpassen, weil ihr versucht habt, abzuhauen."

Marco gab ein unruhiges Geräusch von sich und öffnete die Augen. Bei meinem Anblick schnappte er heftig nach Luft und tastete nach seinem Asthmaspray.

„Und dieser Denkzettel sah wie aus?", wollte Sebastian wissen.

„Ihr solltet euch nur um mich Sorgen machen. Das war alles. Ihr könnt froh sein, dass es nicht Steinbach war, der uns erwischt hat."

Sebastian sah mich misstrauisch an, aber ich achtete nicht weiter darauf. Seine Handgelenke sahen noch viel schlimmer aus als meine und ich versuchte, an die Creme in meiner Hosentasche zu gelangen. Weil der unruhige Ausdruck auf seinem Gesicht nicht verschwinden wollte, beugte ich mich vor und gab ihm einen kurzen Kuss. „Mach dir keine Sorgen."

„Hast du geraucht?", fragte er ungläubig.

Ich fühlte, wie mein Gesicht warm wurde. „Nur eine."

Er schüttelte ungläubig den Kopf. „Was ...? Wieso? Du lügst doch nicht etwa, weil du Angst hast, dass ich sonst Dummheiten mache, oder? Hat er dich doch ... " Das letzte Wort würgte er beinahe hervor. „ ... angefasst?"

Endlich hatte ich die Bepanthen in die Finger bekommen, hielt jetzt aber inne. Mit festem Blick und noch festerer Stimme entgegnete ich entschlossen: „Nein."

Das Misstrauen verschwand nicht ganz, aber ich kam dazu, ihm die Tube rüberzuschieben. „Mach das auf deine Handgelenke, sonst entzünden sie sich noch."

Nachdenklich starrte er die Tube an, drückte dann so

heftig darauf, dass sie beinahe leer war, und schmierte sie sich weniger auf die Handgelenke, als auf den unteren Teil des Daumens. Mit einiger Gewalt zog und zerrte er, aber die Handschellen waren zu eng.

„Jetzt hör schon auf damit", sagte ich. „Du machst es nur noch schlimmer."

Marco schaltete sich ein. „Hast du versucht, ihn zu überreden, dass er uns freilässt?"

Ich senkte den Blick ein wenig. „Natürlich. Was hätte ich sonst machen sollen?"

KAPITEL 7

DER KONTAKTMANN

Innerhalb der nächsten beiden Tage begannen wir, eine Art Routine zu entwickeln. Marco, Sebastian und ich durften umziehen. Über Nacht wurde das Sofa zum Bett umfunktioniert und die Handschellen an die Heizung gekettet. Das war deutlich bequemer, und die Verspannungen, die wir drei in den Schultern bekamen, waren nicht mehr ganz so schlimm.

Zum Essen wurden uns sogar die Handschellen abgenommen; trotzdem bekam ich das Gefühl, dass sich die Muskeln in meinen Unterarmen zurückbildeten und wir am Ende unserer Gefangenschaft nur noch streichholzdünne Arme haben würden. Tagsüber durften wir lesen, Marco und Sebastian lasen die ganz großen Bestseller, wie das Lehrbuch der Quantenmechanik, ich begnügte mich mit nahezu unbekannten Schriftstellern und arbeitete mich durch einen Kafka-Gesamtband, der in dem kleinen Bücherregal neben der Couch gestanden hatte. Mittlerweile fiel es mir leicht, André und Steinbach auszublenden, wenn sie sich ein Bier nach dem anderen reinzogen und bis zur Hirnverblödung FIFA 13 zockten. Am Abend durfte ich kochen, was mir immer wie ein kleiner Urlaub vorkam.

Während der Nachrichten aßen wir dann gemeinsam und verfolgten, wie die Polizei einfach nicht aufgeben wollte, die nähere Umgebung nach den vieren abzusuchen.

In dieser Nacht wurde ich von einem leisen Geräusch

geweckt; es war Marek, der sich an meinen Handschellen zu schaffen machte und mir wortlos mit einer Geste bedeutete, still zu sein. Ich fragte mich, ob er nie schlief – wenn ich nachts aufwachte, saß er mit offenen Augen da und wartete auf den Tag, obwohl wir keinen weiteren Ausbruchsversuch unternommen hatten. Dennoch schien der Schlafmangel keinerlei Einfluss auf ihn zu haben; er wirkte weder abgezehrt, noch bildeten sich Ringe unter seinen Augen.

Unser Ziel war wieder die Veranda. In dieser Nacht regnete es, und die Luft war erfüllt von dem leicht staubigen Geruch, den nur Sommerregen hervorruft. Das kleine Vordach schützte uns, aber ab und zu verirrte sich doch ein Regentropfen und war herrlich erfrischend auf meinem Gesicht.

Vom Boden leuchtete mir sanftes Licht entgegen, sodass ich erstaunt hinabblickte. „Kerzen?", fragte ich.

„Ist doch netter, wenn man sich auch sehen kann", antwortete er.

Der Anblick der Teelichter verursachte ein flatteriges Gefühl in meiner Magengegend, was vollkommen bescheuert war. Allerdings verstärkte sich das Gefühl, als ich eine Flasche Rotwein und zwei Gläser erkennen konnte. Unweigerlich lief ich rot an und hoffte, dass er es in dem Licht nicht sehen würde. „Ähm, ich ... Vielleicht sollte ich mich doch besser wieder hinlegen."

„Keine Chance. Wenn ich nicht endlich mal wieder die Gelegenheit bekomme, mit einem vernünftigen Mensch zu sprechen, werde ich wahnsinnig."

Ich fühlte mich etwas steif, als ich mich hinsetzte und war sicher, dass ich das nicht der allnächtlichen, unbequemen Schlafposition, sondern meiner aktuellen Situation zu verdanken hatte.

Marek hielt mir ein Glas Wein hin und sah mir in die Augen. Ich räusperte mich. „Auf ... den Weltfrieden?" Es sollte witzig klingen und die Stimmung auflockern; ich kicherte und kam mir eine Femtosekunde später unheimlich dämlich vor.

„Auf die Erfinder von Valium", erwiderte er. „Zusammen mit Steinbachs Bier macht es das Leben für uns alle so viel einfacher."

Ich lächelte. Das erklärte tatsächlich einiges. Steinbach hatte einen Großteil der letzten beiden Tage verschlafen, worum ich nicht besonders böse war. Egal wie laut und unangenehm sein Schnarchen war, es gab mir dennoch das Gefühl von Sicherheit.

Unsere Gläser klirrten leise. Der Wein war süß und schwer.

„Erzähl mir etwas von dir", sagte Marek mit gedämpfter Stimme.

Vielleicht wollte er die anderen nicht aufwecken, aus Rücksicht. Oder, weil er nicht gestört werden und mit mir allein sein wollte.

Ich nahm einen größeren Schluck, in der törichten Hoffnung, der Wein möge mir vernünftigere Gedanken eingeben. „Ich glaube, ich bin die langweiligste Person der Welt. Ich habe nicht so viele spannende Dinge zu erzählen."

„Ich wünsche mir immer, mein Leben wäre vollkommen normal und einfach nur stinklangweilig. Es gibt kaum etwas, dass ich mir sehnlicher wünsche. Also bitte: Erzähl mir etwas Langweiliges." Im Licht der Kerzen konnte ich einen schmerzlichen Ausdruck in seine Augen erkennen, der etwas in mir berührte. Ich war sicher, dass er diese Wahrheit nur vor den wenigsten Menschen aussprach, also erfüllte ich seine Bitte. „Tja, also, ich studiere

Psychologie, ich wohne zusammen mit meinem Freund, ich lese gern ..." Oh mein Gott, ich war wirklich die langweiligste Person der Welt.

„Wie lange seid ihr schon zusammen?"

Hätte er nicht lieber etwas über Bücher fragen können? Meine Ohren brannten und schmerzten ein wenig, als flösse zu viel Blut in zu kurzer Zeit durch die winzigen Äderchen. Sicherlich eine Nebenwirkung des Weines. Oder? „Vier Jahre. Wir haben uns in der Schule kennen gelernt."

„Warum seid ihr zusammen?"

Ich verschluckte mich an meinem Wein und hustete, bevor ich irgendetwas erwidern konnte, und auch dann reichte es nur zu einem schwächlichen Echo: „Warum?" Das war keine Frage gewesen, mit der ich auch nur ansatzweise gerechnet hatte, und erst recht keine, von der ich auch nur ahnte, wie eine zufriedenstellende Antwort lauten sollte. Hätte ich dafür eine Antwort parat haben müssen? War es normal, dass die Sekunden vorbeistrichen und ich nach Worten rang, in meinem Kopf aber nur ein Vakuum herrschte?

Seine Stimme klang eher wissenschaftlich interessiert als emotional. „Entschuldige. Ich hatte noch nie eine Freundin. Ich möchte das einfach nur verstehen."

Hätte er mir gesagt, er wäre ein Talentscout, der mich in der Fußballnationalelf haben wollte, wäre ich nicht weniger überrumpelt gewesen. „Sag bloß, du bist zu schüchtern?"

Er warf mir einen missbilligenden Blick zu. „Ganz im Gegenteil. Es gibt einfach zu viele Frauen, wie soll man sich da festlegen? Ich meine, du siehst wunderschön aus. Du hättest jeden haben können. Also, was willst du mit diesem Langweiler?"

In einem Schluck kippte ich den Rest des Weinglases hinunter. „Du meinst also, dass dir die Wahl schwer fällt und du einfach noch keine getroffen hast, für die sich deine Freiheit aufzugeben gelohnt hätte?" Ich hoffte, dass mein Ablenkungsmanöver mir ausreichend Zeit verschaffte, um mir endlich ein paar gute Worte zurechtzulegen, oder wenigstens ein paar überzeugend klingende Floskeln.

Ich hatte das Gefühl, dass er den Versuch sehr wohl durchschaute, aber höflich genug war, darauf einzugehen. „So eine Person kann es einfach nicht geben. Ich habe immer das Gefühl, dass die Leute, die in einer festen Beziehung sind, sich etwas einbilden, oder faul sind. So etwas wie Liebe gibt es nicht. Es ist einfach bequem, immer jemanden um sich zu haben, um sich nicht länger einsam zu fühlen." Er griff nach der Weinflasche und schenkte mir nach.

„Das heißt, du fühlst dich einsam?"

Langsam wandte er den Kopf in meine Richtung und sah mich durchdringend an. „Was studierst du noch mal? Psychologie? Soll ich mich vielleicht auf die Couch legen?"

Ich kaute verlegen auf meiner Unterlippe. „Entschuldige. Ich will es nur verstehen." Mein Kopf fühlte sich schwer an vom Alkohol. „Ich finde das Leben einfach leichter, wenn ich mir vorstelle, dass immer jemand an meiner Seite ist, dem ich wichtiger bin als er selbst."

„Das heißt, dass er dir wichtiger ist als du selbst?"

Interessanter Kniff, den Spieß einfach umzudrehen. Immerhin – er lernte schnell.

„Andere waren mir schon immer wichtiger als ich selbst."

Als gäbe es hinter dem, was ich gesagt hatte, einen geheimen Trick, den es zu entschlüsseln galt, starrte er mehr durch mich hindurch, als dass er mich ansah. „Das ist bei mir nicht so. Heißt das, dass ich ein schlechter Mensch bin, Frau Psychologin?"

Ich merkte, dass sich einer meiner Mundwinkel ganz von allein anhob und meine Lippen wie von selbst eine Antwort bildeten. „Vielleicht heißt es eher, dass ich masochistisch veranlagt bin."

Er zog eine Augenbraue hoch. „Jetzt wird es interessant."

„Was? Nein, nicht so!"

„Ausprobiert?"

Mir wollte partout keine schlagfertige Antwort einfallen, sodass ich nur empört den Kopf schüttelte, wobei sich der Gedanke wie ein Virus in mir festsetzte. Unwillkürlich rieb ich über die angeschwollenen Stellen an meinen Handgelenken. Trug ich die Fesseln war ich abhängig und auf Gedeih und Verderb auf Marek und die anderen angewiesen. War der Gedanke nicht merkwürdig aufregend? War es die Angst vor dem, was passieren könnte, die meinen Puls beschleunigte, sobald sich die Tür zum Arbeitszimmer öffnete – oder etwas anderes?

Am liebsten hätte ich geflucht. Gedanken, die einmal gedacht waren, waren so verflixt schwer wieder zurückzunehmen, und zu allem Überfluss füllte Marek mein Glas erneut auf, obwohl sein erstes immer noch nicht leer war. Die Stimme der Vernunft, die mir riet, weniger zu trinken, flüsterte nur schwächlich – anders als die andere Stimme, die meine Vernunft eine elendige Spießerin schalt.

„Jetzt mal ganz im Ernst", fügte er hinzu. „Wird Sex nicht irgendwann langweilig? Nach vier Jahren? Fragst du dich nicht was du verpasst?"

„Nein!", sagte ich. Ja, dachte ich.

Zwar saßen wir nur da und redeten, aber trotzdem quälte mich ein schlechtes Gewissen, welches mir riet, wieder hineinzugehen, dorthin, wo ich hingehörte. Ein schlechtes Zeichen, dass es mir umso schwerer fiel, diesem Rat zu folgen. „Du mussas aus eim andern Blickwinkel betrachten. Überleg ma, was eim da vielleicht alles erspart bleibt."

„Das klingt pessimistisch." Marek wusste, was klug war; nämlich die Klappe zu halten und so wenig Worte wie möglich von sich zu geben, ehe man sich um Kopf und Kragen redete wie eine gewisse andere Person auf derselben Veranda, die mittlerweile richtig in Plauderstimmung gekommen war.

Ich nahm noch einen Schluck Wein und griff dann nach Mareks Zigarettenschachtel, die zwischen uns auf dem Boden lag. Ich hatte mir schon eine angezündet, als mir einfiel zu fragen: „Ich darf doch, oda?"

Marek nahm mir das Feuerzeug aus der Hand, weil ich Schwierigkeiten hatte, das kleine Metallrad mit meinem Daumen zu treffen, und für einen kurzen Augenblick berührten sich unsere Fingerspitzen. Von all dem Alkohol waren meine Nerven offensichtlich etwas überempfindlich geworden, denn das Gefühl war deutlich stärker, als es hätte sein dürfen, als hätten sich sämtliche Nervenenden meines Körpers ausgerechnet jetzt an diesen Punkt verlagert. Ein Kribbeln zog sich meinen Arm hinauf bis in meinen Nacken. Es war nichts, rein gar nichts. Warum irritierte es mich dann nur so sehr? Während er mit einer Hand das Feuerzeug anzündete, beugte er sich vor, um die Flamme mit der anderen Hand vor dem Lufthauch zu schützen. Statt mir seinen Arm entgegenzustrecken, war er selbst näher an mich herangerückt.

„Ich glaub, ich will wie'a das Thema wechseln. Ich geh gleich einfach nach dieser Zi'arette. Und dem letzn Schluck Wein. Dann geh ich wieder rein und schlafen."

Marek räusperte sich. „Ich wollte dir vorher noch Bescheid sagen, dass ich morgen eine gewisse Zeit nicht da sein werde."

„Wieso?"

„Morgen kommt ein Kontaktmann von Nicolai. Ich muss mich mit ihm treffen." Etwas leiser setzte er hinterher: „Es wird ein Austausch stattfinden. Das Geld gegen meine Schwester. Vielleicht ist morgen schon alles vorbei."

Der Gedanke bereitete mir ein Gefühl irgendwo zwischen Erleichterung und einem leicht schalen Gefühl. Morgen wären alle außer Gefahr, Elena, die Jungs und auch Marek selbst; dann würde dieser Abend eine Erinnerung sein, die keinerlei Konsequenzen hatte, und die ich mit niemandem teilen würde, niemals. „Ich hoffe, du has für morgn noch genug Valium für Steinbach." Schwächlich lächelte ich.

„Du bist süß wenn du betrunken bist."

„Ich? Ich bin nich ... " Ich rümpfte die Nase und drückte meine Zigarette aus. Bei meinem Versuch aufzustehen kam mir auf halbem Weg mein Gleichgewichtssinn in die Quere. Ich strauchelte und wäre wahrscheinlich gefallen, wenn Marek mich nicht rechtzeitig gehalten hätte. Durch den dünnen Stoff meines T-Shirts konnte ich die Wärme seiner Hand an meiner Hüfte fühlen. Zusammen mit dem verwirrenden Gedanken von zuvor, dem Wein, dem Nikotin und der Nachtluft ergab die Berührung einen berauschenden Cocktail. Anstatt mich aufzurappeln und wieder auf eigenen Füßen zu stehen, blieb ich länger in dieser Position, als es nötig war, nur damit es nicht aufhörte.

„Geht es?"

Die Frage ließ meine Gedanken in eine komplett andere

Richtung schnellen wie ein überspanntes Gummiband. Ich hasste mich selbst für das was ich tat.

Hastig schlug ich seine Hand weg und giftete: „Ich kann das auch alleine."

Dann öffnete ich leise die Wohnzimmertür und ließ mich sachte auf der Couch nieder, um Sebastian und Marco nicht zu wecken. Das Wohnzimmer begann, unkontrolliert um mich zu rotieren, ich ließ mich auf mein Kissen sinken und schloss die Augen.

Die leisen Schritte Mareks, der mir folgte, waren in der Stille überdeutlich zu hören, ebenso, wie das Rascheln seiner Kleider, als er sich über mich beugte. Ich war unfähig, meine Augen zu öffnen. Ich war unfähig, zu atmen. Seine Hände streiften meinen Unterarm hinauf, und seine Haut bildete einen Kontrast zu der Kälte der Handschellen, die unnatürlich laut einrasteten. Einen Herzschlag lang war ich mit jeder Sehne meines Körpers im Hier und Jetzt. Ausgestreckt auf meinem Bett und an einen Heizkörper gefesselt. Wärme breitete sich in meinem Bauch aus und blieb dort, auch nachdem das leise Rascheln mir längst verraten hatte, dass er nicht mehr in der Nähe war.

Dann wurden meine Gedanken klarer.

Irgendetwas lief schief. Wann genau hatte es angefangen schief zu laufen? Wann hatten diese Gedanken angefangen, die nicht hätten da sein dürfen – die falsch waren, abartig, ja geradezu hinterhältig, wo Sebastian nur wenige Zentimeter neben mir lag? Warum war mir nichts eingefallen, als Marek mich nach dem Warum gefragt hatte? Dabei gab es doch so viele Antworten. Sebastian gab mir Sicherheit in einer unsicheren Welt. Er hielt zu mir, verzieh mir, dass ich ein Mensch war, der diese Liebe eigentlich nicht verdient hatte. Er schenkte sie mir dennoch bedingungslos. Sebastian war gut und freundlich, er war verlässlich und treu, er sorgte sich um mich.

Unruhig wälzte ich mich auf die Seite und hatte das Gefühl, angestarrt zu werden. Ich öffnete die Augen – und blickte in Sebastians. Unwillkürlich zuckte ich zusammen.

„Ich hoffe, ihr habt euch den Wein schmecken lassen", flüsterte er. „Aber denkt nächstes Mal daran, die Kerzen auszupusten, nicht, dass es noch anfängt zu brennen."

„Sebastian ..."

„Halt bitte einfach die Klappe. Ich hasse es, wenn mir dein Zigarettenatem entgegenweht." Damit drehte er sich um.

Meine Augen brannten, und auf meinen Lippen schmeckte ich Salz. Ich wagte es nicht noch etwas zu sagen und schlief in dieser Nacht nicht eine Sekunde.

KAPITEL 8

HERR KLEIN KOMMT ZU BESUCH

Als endlich der Morgen hereinbrach, war ich froh, als Bär mich losmachte und ich ins Bad gehen durfte. Mein Kopf hämmerte, und die Dusche schaffte es auch nicht, mich aus dem unangenehmen Dämmerzustand zu reißen. Am liebsten hätte ich den ganzen Tag verschlafen.

Aber an Schlaf war nicht zu denken, denn die Nerven unserer Geiselnehmer waren angespannt wie Gitarrensaiten. Bär, Steinbach, André und Marek begannen, unsere Ferienwohnung aufzuräumen und zu putzen. Ich wurde dazu verdonnert, den riesigen Stapel an Geschirr abzuwaschen, der sich in der Küche ansammelte, André schwang den Staubsauger und sogar Steinbach bequemte sich dazu, schmutzige Wäsche vom Boden aufzusammeln. Zuerst war ich verwirrt ob dieser unerwarteten Betriebsamkeit, dann erinnerte ich mich, dass Marek erzählt hatte, dass einer von Nicolais Kontaktmännern kommen würde. Trotzdem erschien mir ihr Verhalten eigentümlich. Ich konnte mir kaum vorstellen, dass irgendein Profigangster sich auch nur einen Dreck darum scheren würde, wie es in der Wohnung aussah.

Ich wollte gerade den Haufen Schuhe, der unseren Flur verstopfte, ins Schlafzimmer bringen, als ich durch die Schlafzimmertür Steinbachs Stimme hörte. „Was war das wieder, heute Nacht? Was machst du mit der kleinen Schlampe auf der Veranda?"

„Wüsste nicht, was dich das angeht." Mareks Stimme klang durch die Zimmertür gedämpft.

„Ich denke, du passt auf, dass die Arschgeigen da drüben keine Scheiße bauen. Wird schwierig, wenn du dich voll-laufen lässt."

„Es ist nichts passiert, oder? Nur weil du meinen Plan nicht verstehst, heißt das nicht, dass ich keinen habe, oder?"

Steinbach grunzte.

„Wenn die drei noch einmal Scheiße bauen, nehme ich dir die Knarre ab, und dann passe ich so gut auf dein Mädchen auf, dass sie es nie wieder wagt, auch nur einen Finger zu rühren."

Ich tat so, als müsste ich noch weiter die Schuhe sortieren und rückte noch etwas näher an die Tür.

„Hast du schon mal drüber nachgedacht, dass es hier viel weniger Stress gibt, wenn einer von den dreien auf unse-rer Seite steht?"

Steinbach schwieg einen Moment lang. „Das heißt, du machst sie an, und sie läuft über." Es war eher eine Fest-stellung als eine Frage. „Die Weiber sind so blöd, dass das tatsächlich funktionieren könnte."

Schritte auf der anderen Seite warnten mich gerade noch rechtzeitig, von der Tür wegzukommen und damit nicht einem (berechtigten) Lauschverdacht ausgesetzt zu werden.

Krampfhaft versuchte ich, mir nichts anmerken zu lassen, aber in mir brodelte es. Warum hatte ich nicht im Raum sein können, um Marek ins Gesicht zu sehen? Hatte er genickt? Oder Steinbach angelogen? Versuchte er mich nur einzuwickeln, damit ich an seiner Stelle auf die Jungs aufpasste? Ich musste wieder an den Abend denken, und wie seine Hand meine Hüfte berührte hatte, und mir wurde augenblicklich heiß. Ich versuchte mir einzureden, dass es daran lag, dass ich mich schämte; ohne jedoch ignorieren zu können, dass sich Scham vollkommen anders anfühlte. Weniger gefährlich. Zumeist kribbelte sie auch nicht im Nacken wie heißer Atem.

Ich versuchte, mich mit Arbeit abzulenken und nicht mehr an das Gespräch oder irgendetwas anderes zu denken, das mir nicht gut tat; von dem mir zumindest mein Verstand sagte, dass es mir nicht gut tat. Als es auf den Mittag zuging, versammelten sich alle im Wohnzimmer und saßen schweigend da.

Marek reichte Steinbach ein Bier, und ich musste mir ein Lächeln verkneifen. Gerade wollte Steinbach es an die Lippen setzen, als es an der Tür klingelte.

Marek, André und Steinbach sprangen auf, nur Bär sah ruhig aus. Selbst Marco und Sebastian waren angespannt, obwohl sie nicht wussten, was vor sich ging.

Marek nickte mir zu. „Öffne die Tür. Wenn es Herr Klein ist, lass ihn rein."

Ich erhob mich und fühlte mich, als würden sich all meine Muskeln verkrampfen. Langsam ging ich hinüber zur Tür. Wie beim letzten Mal postierte sich Marek mit gezogener Waffe hinter der Tür.

Ich öffnete einen Spaltbreit.

Vor mir stand ein etwa 1,65 Meter großer Mann im gut geschnittenen Anzug; er trug sogar einen altmodischen Hut, den er sofort abnahm, als er mich sah. In seiner Hand hielt er einen kleinen Aktenkoffer.

Im ersten Moment glaubte ich, es müsse sich um einen Vertreter handeln. „Wir kaufen nichts", piepste ich. Dann erst wurde mir klar, wie vollkommen irrational der Gedanke war, dass ein Vertreter sich hierher in den Wald verirrte.

Der Mann lächelte. Sein Gesicht war so unauffällig, dass man es schon während des Blinzelns vergaß. Nur seine

Augen stachen hervor. Grau, ohne das geringste Farbpigment. Man bekam das Gefühl, dass er einen ohne Unterlass anstarrte. „Guten Tag, die Dame. Klein ist mein Name, ich denke, wir sind verabredet?"

Ich nickte mechanisch und trat einen Schritt zur Seite neben Marek.

Herr Klein trat ein. Bevor sich die Tür schloss, konnte ich einen Blick hinaus in den Wald werfen und zuckte zusammen. Hirschkühe, gleich drei Stück. Und sie waren näher gekommen. In ihrer Mitte, mit unheilvoll stolz erhobenem Haupt, machte ein Hirsch einen Schritt in Richtung des Hauses. Dann fiel die Tür zu, und ich rieb mir unwillkürlich über die Handgelenke. Das Stechen kam nicht von den frischen Fesselspuren.

Steinbach, André und Bär hatten sich im Flur aufgestellt wie ein Begrüßungskomitee.

„Guten Tag, die Herren."

Klein trat in unser Wohnzimmer und sah sich aufmerksam um. Plötzlich war ich heilfroh, dass es so ordentlich war. Herr Klein gab einem ein Gefühl als befände man sich in einer mündlichen Prüfung, und er sei der Einzige, der über die Zukunft des Prüflings zu entscheiden hätte. Plötzlich schossen mir allerlei Horrorszenarien durch den Kopf. Klein, der anordnete, Marco, Sebastian und mich zu töten, weil wir ein zu großes Risiko darstellten. Klein, der mich mitnahm, um Sebastian erpressen zu können. Meine Hände zitterten.

Klein setzte sich auf einen Stuhl dem Sofa gegenüber. „Macht es ihnen etwas aus, mir einen Tee zu kochen, mein Fräulein?"

Ich nickte, dann schüttelte ich panisch den Kopf. „Nein, natürlich nicht. Was hätten sie gern?"

„Einen Earl Grey, wenn es möglich ist."

Ich schickte ein Dankesgebet an den Himmel, dass mein Freund so ein Teefanatiker war und wir nicht nur irgendeinen, sondern wirklich guten Earl Grey mitgenommen hatten. Ich setzte das Teewasser auf, froh, meine Hände beschäftigen zu können.

Die anderen hatten nicht dieses Glück, und eine unangenehme Stille trat ein, bis Herr Klein endlich sprach.

„Nun, meine Herren, die Situation ist ja nun leider etwas komplizierter, als wir alle es uns erhofft hatten. Dennoch bin ich sicher, dass sich am Ende alles zu unserer Zufriedenheit fügen wird."

Wen genau er mit „uns" meinte, überließ er der Fantasie seiner Zuhörer.

„Ich hoffe, dass sie sich bereits ausführlich bei ihren Gastgebern für die Unannehmlichkeiten entschuldigt haben." Er nickte Sebastian und Marco zu.

Ich goss den Tee auf und stellte die Küchenuhr auf zwei Minuten.

„Wie sie sicher schon erfahren haben, bin ich heute hier, um die Geschäftsbeziehungen mit Nicolai für beide Seiten zu einem befriedigenden Abschluss zu bringen. Daher würde ich sie bitten, mich zu der Ware zu führen."

Marek räusperte sich.

„Wir haben das Geld in ein sicheres Versteck gebracht. Es ist nicht weit entfernt."

Das Piepen der Küchenuhr durchbrach die Stille, und ich entschuldigte mich. Dann stellte ich Herrn Kleins Tasse bereit und schenkte ihm ein. „Milch oder Zucker?"

„Nein, vielen Dank, mein Fräulein." Er nahm einen Schluck und lächelte das kälteste Lächeln, das ich je gesehen hatte. „Vorzüglich. Nun, wo waren wir stehen geblieben?"

Marek sah sichtlich unbehaglich aus.

„Ach ja. Selbstverständlich würde ich Sie bitten, mich dorthin zu geleiten. Also?" Er erhob sich, und bedeutete Marek mit einer höflichen Geste, voranzugehen.

Ich brachte ihm seine Schuhe, die ich ja zuvor im Schlafzimmer verstaut hatte, und er flüsterte mir zu: „Ich bin bald zurück, dann sind wir weg."

Allein der Gedanke, mit den anderen hier bleiben zu müssen, ohne dass Marek aufpasste, verursachte mir Angst. Darum bemüht, mir nichts anmerken zu lassen, lächelte ich ihm tapfer zu und setzte mich wieder auf das Sofa.

Marek reichte Bär die Pistole, dann verließen die beiden Männer, die unterschiedlicher nicht hätten sein können, das Haus.

Meine Hände waren eiskalt, mein Atem unregelmäßig. Was, wenn er nicht zurückkehrte? Was, wenn Herr Klein sich das Geld unter den Nagel riss und Marek eine Kugel in den Kopf jagte?

KAPITEL 9

DAS MESSER

Ich weiß nicht, wie ich das Desaster hätte verhindern können. Marek hatte gerade die Wohnung verlassen, als Steinbach sagte: „Ich glaube, ich brauch jetzt erst mal einen Tee." Er hielt Bär seine Bierflasche hin, der es in einem Zug runterspülte – und mit ihm das Valium. Wie versteinert hing mein Blick an der jetzt leeren Bierflasche, die nicht für Bär bestimmt gewesen war. Am liebsten hätte ich ihn angeschrien und geschüttelt, bis er das ganze Zeug wieder ausspuckte.

„Hey, Püppi, mach dich mal nützlich und koch uns was", forderte André.

Da sich noch immer niemand die Mühe gemacht hatte, mir Handschellen anzulegen, folgte ich seiner Anweisung auf der Stelle. Vielleicht war Marek schon zurück, wenn ich fertig war? Ich entschied mich, ein besonders aufwändiges Gericht zu kochen, während Steinbach und André mal wieder den Fernseher anstellten. Gerade lief Formel 1, sodass ich eine gute Chance hatte, dass sie abgelenkt waren und nicht weiter auf mich achteten.

„Der Typ war echt unheimlich", sagte André.

„Ihr habt euch benommen wie ein paar Prinzessinnen", höhnte Steinbach. „Ein Schlag in den Magen, und der Kerl ist k.o."

Bär gähnte. „Als er da war, hattest du nicht so ne große Klappe. Aber wenn du es mal versuchen willst, bitte nicht in meiner Gegenwart. Ich habe keine Lust, hinterher deine Einzelteile aufzusammeln." Er gähnte ein zweites Mal.

„Was ist los, Prinzessin? Müde vom Putzen?", fragte Steinbach.

Ich warf einen verstohlenen Blick zurück und sah, dass Bärs Augen schwerer wurden.

Einen Augenblick lang lauschten wir alle dem monotonen Motorengeräusch aus dem Fernseher, dann stimmte Bär mit lautem Schnarchen ein.

„Alter, was geht denn bei dem?" André rüttelte an seiner Schulter und hängte an Steinbach gewandt hinterher: „Sonst bist du doch derjenige, der den halben Tag verpennt", ergänzte André.

Nachdenklich ergriff Steinbach nach der Bierflasche, drehte sie langsam in der Hand und sah hinein, als ob er darin irgendetwas erkennen könnte. „Vielleicht sollte ich weniger trinken. Wer weiß, wer einem hier was in die Flasche kippt."

Ich schluckte. Verdammt. Das sollte ich Marek rechtzeitig sagen.

Wieder klingelte es an der Tür. Dabei waren weniger als fünfzehn Minuten –vergangen – das konnte er unmöglich schon sein. Für ein abgelegenes Ferienhaus herrschte hier ein ganz schöner Besucherverkehr.

Sowohl André als auch Steinbach verspannten sich sichtlich.

„Wer ist das?", grummelte der Alte so leise er konnte.

Ich zuckte mit den Schultern.

Steinbach sah zu Bär herüber, in dessen Hosenbund noch immer die Pistole steckte. Steinbach griff danach. „Du weißt ja wie es läuft. Du machst die Tür auf. Ein falsches Wort, und ich ballere euch beiden den Schädel weg."

Hatte ich schon ein schlechtes Gefühl gehabt, als Frau Ziller geklingelt hatte, geriet ich nun schon auf dem Weg zur Tür in Panik. Ich war mir nahezu absolut sicher, dass

Steinbach jederzeit abdrücken konnte, schon allein aus Spaß oder Neugier heraus; Marek hatte lapidar gesagt, er hielte ihn für einen Psychopathen; diese Einschätzung wurde für mich in diesem Augenblick zu einer unumstößlichen Gewissheit. Steinbach drückte mir den Lauf der Pistole in den Nacken. Meine Hände wurden kalt und der kleine Flur verschwamm vor meinen Augen.

Wie Marek stellte er sich hinter die Tür, dennoch war es nicht mal ansatzweise mit dieser Situation vergleichbar. Während Marek Gelassenheit und Vertrauen in meine, zugegebenermaßen nicht gerade überragenden Schauspielkünste ausstrahlte, zitterte Steinbach vor Erregung, als könnte er es kaum erwarten, dass ich einen Fehler beging. Mit aller Macht musste ich mich zusammenreißen, damit ich nicht in Tränen ausbrach und im Gegenteil auch noch Normalität ausstrahlte. Mehr als alles andere wünschte ich mir Marek an meine Seite, mit dessen Hilfe ich wahrscheinlich sogar einen Polizeibeamten vor der Tür bewältigt hätte.

Ich öffnete die Tür.

Es war Linna. Sie grinste mich breit an und schien überhaupt nicht zu bemerken, dass etwas mit mir nicht stimmte. „Hey Süße. Ich dachte, ich komme euch mal besuchen. Ist Tim zufällig noch da? Er hat sich gar nicht gemeldet. Kann ich reinkommen?" Sie zwinkerte mir zu.

„Ähm, nein, und es ist gerade schlecht. Wirklich schlecht. Ein andermal, versprochen." War da nicht ein verräterischer Ton in meiner Stimme? Zitterten meine Hände nicht so sehr, dass es beinahe unmöglich war, es zu übersehen? Aus den Augenwinkeln sah ich Steinbach, der sich über die Lippen leckte, und am Abzug der Pistole herumspielte.

Meine Kehle war wie zugeschnürt. Bitte, Linna, enttäusch

mich nicht. Bleib mit deinem Kopf ganz weit in den Wolken. Sieh dich nicht um.

„Ist irgendwas nicht in Ordnung?", fragte Linna.

„Was? Doch, alles in Ordnung, es ist nur ein blöder Zeitpunkt."

Steinbach grinste über das ganze Gesicht, in seinen Mundwinkeln entdeckte ich Speichelreste, die kleine, weiße Bläschen schlugen. Ich biss mir auf die Lippen.

„Ich bin krank. Hochansteckend, und mir geht es wirklich nicht gut. Fieber, und so."

Linna sah mich mit zusammengekniffenen Augen an.

„Du wirkst ganz durch den Wind." Sie senkt die Stimme. „Ihr seid doch mehr Leute, als ihr es meiner Oma gesagt, habt, nicht wahr? Deshalb willst du nicht, dass ich reinkomme, weil du weißt, dass das Ärger bedeutet. Ich habe das ohnehin gleich durchschaut. Wenn alles in Ordnung wäre, dann könnte ich ja kurz reinkommen, und ... " Sie machte Anstalten, die Tür weiter zu öffnen.

Ich krallte mich daran fest. „Nein! Ich meine, ein andermal, bitte!" Meine Stimme wurde flehend.

Steinbach zielte abwechselnd auf mich und Linna. Ich war mir sicher, dass er mit seinen Lippen ein lautloses „Ene Mene Miste" bildete, und ich musste für ein paar Sekunden die Augen schließen, damit ich nicht losheulte.

„Ist da irgendwer?", fragte Linna und sah die Tür an.

Ich schüttelte den Kopf und mobilisierte all meine Kräfte, um einen wütenden Ausdruck in meine Stimme zu legen. „Jetzt hör mal zu, Linna! Ich würde gerade wirklich gern allein sein, kapierst du es nicht? Du kannst wirklich verdammt anstrengend sein, und das hier ist gerade so ein Moment. Wir haben die Wohnung gemietet, und weder du noch deine Großmutter haben das Recht uns zu belästigen, dafür haben wir bezahlt: Um unsere Ruhe zu haben."

Linnas Mund klappte empört auf und bildete ein O, das mich entfernt an den Gesichtsausdruck eines toten Weihnachtskarpfens erinnerte. „Okay. Wie du willst. Ich muss mich von dir nicht blöd anmachen lassen." Damit machte sie auf der Stelle kehrt und stampfte wutentbrannt davon. Ich stand noch einige Sekunden schweratmend in der Tür, bevor Steinbach sie mir vor der Nase zuschlug. „Du kannst ja richtig gut schauspielern, wenn der Anreiz stimmt. Ich würde gerne mal austesten, was du sonst noch so alles vorspielen kannst."

Seine Hand packte grob nach meinem Hintern, und ich musste mit Mühe die aufsteigende Magensäure zurückdrängen. Vielleicht wäre es besser gewesen, mich nicht zurückzuhalten, sondern ihm einfach ins Gesicht zu kotzen. Ich fürchtete nur, dass ihn das auch nicht von was auch immer abhalten würde. Nicht mal einen Namen wollte ich der unterschwelligen Angst geben, die in mir pulsierte wie ein größer und größer werdendes Geschwür, das ein langsames, schleichendes Gift absonderte. Was machte ich nur falsch? Ich bemühte mich schon, meine schlabbrigsten Pullis und weitesten Hosen zu tragen, Make-Up und Lockenstab hatte ich schon lange nicht mehr angerührt. Wahrscheinlich war es ganz egal, wie ich aussah, es reichte einfach, dass ich weiblich war. Ich stellte mich so schnell ich konnte zurück an den Herd und quetschte mich in eine Ecke, sodass ich so wenig wie möglich auffiel.

Dennoch spürte ich Steinbachs Blicke im Nacken, als brannten sie sich in meine Haut wie Laserstrahlen.

Sebastian und Marco sahen hilflos zu mir herüber. Ich wusste, dass sie nichts unternehmen konnten, und wahrscheinlich war ihnen das ebenfalls klar.

Steinbach griff nach seinem Feuerzeug und versuchte, damit eine Haarsträhne von Sebastian abzufackeln, über dessen Haarlänge er schon oft gelästert hatte. Natürlich wich Sebastian aus, sodass Steinbachs halbherziger Versuch erfolglos blieb. Das jedoch änderte nichts an der Tatsache, dass die Pistole noch immer griffbereit in Steinbachs Hosenbund steckte.

Bär war durch gar nichts aus dem Schlaf zu reißen, und André fühlte sich durch Steinbachs Verhalten dazu angestachelt, selbst auf die Kacke zu hauen.

Die beiden begannen, eine vermutlich Jahre alte Flasche Ouzo zu leeren, die noch im Regal stand und leider nicht mit Schlafmitteln versetzt war.

Marek, wo bleibst du nur?

Ich schnippelte sehr langsam an meinem Gemüse herum, sodass am Ende jedes Möhrenstück perfekt quadratisch und gleich groß war.

„Ist doch ein Jammer, dass unsere Quotentitten immer so gut versteckt sind", hörte ich André hinter mir sagen. „Ja, warum eigentlich?", erwiderte Steinbach. „Ich bin mir sicher, sie hat noch ein paar hübschere Fummel im Kleiderschrank."

Die zwei grinsten sich an, und es lief mir eiskalt den Rücken herunter. Das ganze Zimmer roch abscheulich nach Alkohol. Steinbach stand auf und ging ins Schlafzimmer, André folgte ihm und ich konnte hören, wie sie die Schubladen des Kleiderschrankes aufrissen.

Ich huschte zum Sofa hinüber, auf dem noch immer Bär lag, und rüttelte ihn, ich kniff ihn sogar und schüttete ihm ein Glas Wasser ins Gesicht. Nichts.

Ich sah Sebastian an. „Was soll ich machen?", flüsterte ich verzweifelt.

„Schließ dich im Bad ein", sagte Marco.

„Kein Schlüssel", erwiderte Sebastian hektisch. „Lauf einfach weg. Noch sind sie abgelenkt."

Mir stiegen die Tränen in die Augen. „Ich kann nicht. Dann töten sie euch."

Ich warf einen Blick auf die Uhr. Marek war schon länger als eine Stunde weg. Er hatte gesagt, dass es nicht weit wäre, also wo zum Teufel blieb er?

Als ich die beiden drüben triumphierend grölen hörte, huschte ich zurück an den Herd und versuchte, mich unsichtbar zu machen. Meine Finger verkrampften sich um mein Küchenmesser und ich erinnerte mich, dass ich all die Tage lang mein bestes Messer bei mir getragen hatte, griffbereit im Hosenbund. Bisher hatte sich keine Gelegenheit ergeben, es zu benutzen.

André hielt etwas Rotes in der Hand, dass ich erst auf den zweiten Blick wiedererkannte. Es war ein halbdurchsichtiges und ultrakurzes Nachthemd, das wirklich niemand außer Sebastian je zu Gesicht bekommen hatte. Ich fixierte meine Möhren als wären sie das Licht am Ende des Tunnels.

„Hasi", höhnte André mit pervers freundlicher Stimme. „Es ist so schönes Wetter, willst du nicht was Passenderes anziehen? Wir würden uns so sehr freuen." Er begann zu lachen, und Steinbach stimmte mit ein.

Ich versuchte, gleichgültig auszusehen, war aber nicht sicher, ob mir das gelang, während sich in meinem Kopf wenig hilfreiche Gedankenfetzen gegenseitig jagten, ohne eine brauchbare Idee zu produzieren, die mir dabei helfen konnte, die zwei abzulenken.

„Hast du nicht gehört?", raunzte Steinbach.

Er drückte mir mein Nachthemd in die Hand und sah mich so drohend an, dass ich beschloss, es wäre das Beste, mitzuspielen. Ich wollte an ihm vorbei und ins

Badezimmer gehen, aber Steinbachs Hand schnellte nach vorn und versperrte mir den Weg. „Nur keine falsche Scheu. Zieh dich ruhig hier um."

Ich sah ihm kurz in die Augen, er starrte zurück. Sein Atem roch widerwärtig nach Ouzo und im Weiß seiner Augen waren die Adern fett angeschwollen. Kein Zweifel, dass er es ernst meinte.

Zaghaft schüttelte ich den Kopf.

„Oh oh, da wird jemand aufsässig", sagte André und sah mich gierig an.

Ich wusste, dass Steinbach die Pistole heben würde, noch bevor er es tat.

Allerdings hatte ich ihn für klüger gehalten, als er war. Innerhalb eines Wimpernschlages wusste ich, dass er nicht auf Sebastian zielen würde, sondern auf mich.

Und sterben war besser.

Ich griff in meinen Hosenbund und schaffte es, mein Steakmesser hervorzuziehen.

Steinbach erstarrte kurz; lange genug für mich, um das Messer an seine Kehle zu halten. „Fallen lassen!", bellte ich, und er tat es tatsächlich. Wahrscheinlich konnte er in meinen Augen erkennen, dass ich wirklich zustechen würde. Ich drückte die Klinge etwas fester an seinen Hals und schob mich hinter ihn.

Steinbach hob die Hände.

„André, du lässt die Finger von der Waffe." Mein Ton war so scharf, dass er zusammenzuckte. „Schieb deinen Arsch zum Regal rüber, und schnapp dir die Schlüssel für die Handschellen."

Vorsichtig, Steinbach vor mir her dirigierend, machte ich ein paar Schritte auf die Waffe zu und schob sie mit dem Fuß außer Reichweite.

Ich hätte sie nehmen können; in meinen Händen war sie

aber vermutlich nicht nützlicher als ein Gänseblümchen.
„Hör mal, Mädchen, das war doch nur ein Spaß ...", begann Steinbach, und eiskalte Wut überströmte mich. In genau diesem Augenblick fühlte es sich richtig an, ihm einfach das Messer in den Hals zu rammen.
„Kara!", rief Sebastian entsetzt.
Ruckartig wandte ich meinen Kopf.
Im Flur stand Marek. Eine wahre Sturmflut von Gedanken und Gefühlen brauste durch meinen Kopf. Zuerst wollte ich das Messer fallen lassen, weil die Gefahr nun vorüber war. Dann wurde mir klar, dass die Gefahr jederzeit wiederkommen könnte und ich eine einmalige Chance hatte, Marco, Sebastian und mich hier herauszubekommen.
Steinbach wimmerte, und ich spürte, wie mir ein dünnes Rinnsal seines Blutes über die Hand lief.
„Kara", sagte Marek ruhig. „Lass das Messer fallen." Allein seine Stimme brachte meinen Entschluss ins Wanken. Dann jedoch wurde mein Griff fester. Ich schüttelte den Kopf.
Ich hörte ein leises Klicken. Marek hielt eine Pistole in der Hand, und sie war entsichert. Es war nicht die gleiche, die noch eben auf dem Boden gelegen hatte.
„Lass sofort die Knarre fallen, oder ich steche ihn ab", schrie ich schrill.
Marek sah mir in die Augen. Sein Gesicht war eine steinerne Maske, auf der keinerlei Regung zu erkennen war.
„Dann tu es. Ein Problem weniger."
Noch bevor ich meine Chance nutzen konnte, hatte er die Pistole auf Sebastian gerichtet.
Tränen liefen meine Wangen hinab. Ich hatte verloren.
Es fiel mir unglaublich schwer, meine verkrampften Finger von dem Messer zu lösen, und das Geräusch, das es

machte, als es auf dem Boden aufkam, war unnatürlich laut.

Steinbach stolperte mehr von mir fort, als dass er ging.

Marek hatte die zweite Pistole vom Boden aufgehoben und in seinen Hosenbund gesteckt, wo er die Erste schon verstaut hatte.

Ich fühlte mich, als wäre ich komplett aus Eis, nur eine winzige Berührung könnte mich dazu bringen, in tausende winziger Splitter zu zerfallen. Auf diese Berührung musste ich auch nicht lange warten.

Marek holte aus und verpasste mir eine Ohrfeige, die mich zu Boden warf. Mein Schädel dröhnte, zuckender Schmerz zog sich von meiner Wange durch meine gesamte rechte Körperhälfte. Vor meinen Augen tanzten Sternchen.

Noch bevor ich wieder ganz bei mir war, kam ein zweiter Schmerz dazu, als Marek mich an den Haaren packte und in die Höhe zog.

„Warte!", flehte ich. „Du verstehst das nicht." Verzweifelt versuchte ich, mich loszumachen, aber sein Griff wurde nur noch fester.

„Halt die Klappe."

Dann zerrte er mich zum zweiten Mal seit wir uns kannten ins Schlafzimmer, nur dieses Mal an den Haaren. Ich war sicher, dass er mich töten würde.

KAPITEL 10

DAS SPIEL

Das Letzte, was ich hörte, bevor sich die Tür hinter uns schloss, war Sebastians Stimme, die meinen Namen rief. Dann vernahm ich das Klacken des Zimmerschlüssels. „Warte, du verstehst das nicht! Steinbach wollte ..."
Marek zerrte mich am Oberarm und stieß mich auf das Bett. Unter mir hörte ich den Lattenrost knacken.
„... er wollte mich zwingen ..."
Marek kniete sich über mich und hielt mir den Mund zu. Sein Gesicht schwebte nur Zentimeter über meinem, und er drehte meinen Kopf zur Seite. Seine Lippen waren so nahe an meinem Ohr, dass ich die Wärme seines Atems spüren konnte. „Hör einfach nur zu", flüsterte er. „Spiel mit und stell keine Fragen."
Ich wollte etwas sagen, aber seine Hand erstickte meine Stimme.
„Ich will, dass du dein Bestes gibst und überzeugend schreist, okay?" Seine Finger lösten sich von meinem Mund.
„Was? Wieso?", flüsterte ich zurück.
„Keine Fragen, ich erklär's dir später. Schrei einfach so, als würde ich dich zusammenschlagen und vergewaltigen, okay?"
Ich starrte ihn an.
„Bitte! Ich möchte das nur sehr ungern wirklich in die Tat umsetzen." Er sah mich wütend an, und ich nickte hektisch. Dann stand er auf und ging zu einem meiner Bücherregale. Er machte eine auffordernde Handbewe-

gung, und ich versuchte, mich in die Situation hineinzuversetzen. Zuerst leise, dann etwas mutiger flehte ich. „Nein, bitte!"

Marek rempelte geräuschvoll das Bücherregal an, und ich schrie erschrocken auf. Im Nebenzimmer hätte man es sicher auch für einen Schmerzenslaut halten können.

Er zeigte mit den Daumen nach oben, und ich machte weiter. „Oh Gott, bitte! Lass mich los, ich tu alles was du willst, ich schwöre es!"

Meine Anspannung und die Todesangst, die mich eben noch fest im Griff gehabt hatten, lösten sich langsam aber sicher wie ein Knoten in den Eingeweiden, der behutsam entwirrt wurde. Ich musste grinsen. Ganz gegen meinen Willen machte mir das Ganze ein klein wenig Spaß.

Gleichzeitig kam ich mir verdammt lächerlich vor.

Ich schluchzte noch einmal herzzerreißend, dann zischte Marek, und bedeutete mir still zu sein.

Von nebenan hörte ich Sebastian schreien, dass er Marek umbringen würde, die anderen waren still.

Marek setzte sich neben mich und flüsterte hastig. „Wir haben nicht viel Zeit. Es tut mir leid, dass ich dir eben wehgetan habe, aber es musste so echt aussehen wie möglich."

Ebenfalls wispernd antwortete ich: „Was zur Hölle soll das alles?"

„Zwei Dinge: Zum einen wird Steinbach sich an dir rächen wollen. Das habe ich jetzt seiner Meinung nach schon getan. Zum anderen sollten die zwei dich ab sofort in Ruhe lassen, weil ... " Er machte eine kurze Pause und sah beinahe ein bisschen verlegen aus. „ ... weil du jetzt mir gehörst. Ich habe, sozusagen, meinen, ähm, Besitzanspruch markiert."

Ich hob eine Augenbraue.

„Du musst das nicht verstehen. So sind sie einfach. Du sprichst mit niemandem darüber, auch nicht mit deinen Freunden."

„Natürlich werde ich es ihnen erzählen. Sebastian würde sonst total ausrasten! Tut er ja gerade schon." Zu meiner Bestätigung hörte ich aus dem Wohnzimmer gedämpfte Schreie und Poltern. Er würde sich mit Sicherheit die Handgelenke ruinieren. „Er wird versuchen, dich umzubringen, wenn ich es ihm nicht sage."

„Lass das meine Sorge sein. Wenn er es nicht versuchen würde, würde Steinbach mir auf die Schliche kommen. Warum hat der Kerl nicht geschlafen?"

„Bär hat das Bier getrunken. Ich bin mir sicher, Steinbach hat Lunte gerochen", setzte ich ihn ins Bild. Ich wollte nicht, dass Steinbach ihn unvorbereitet erwischte, dass er sich vielleicht eine Ausrede zurechtlegen konnte. Marek schloss schicksalsergeben die Augen. „Okay. Das wird zwar einiges komplizierter machen, aber das wird schon, irgendwie. Wir müssen dich jetzt noch ein bisschen zurechtmachen. Dann gehst du raus ins Badezimmer und unter die Dusche, möglichst unter Tränen und Schluchzern. Und bitte, denk in nächster Zeit an deine Rolle. Du hasst mich, bist verängstigt, wütend, du weißt schon."

Ich runzelte verzweifelt die Stirn. „Ich weiß nicht, ob ich eine so gute Schauspielerin bin." Die Vergangenheit hatte mir sogar sehr deutlich gezeigt, dass dies nicht der Fall ist.

Marek sah mir fest in die Augen, als wolle er mir Zuversicht geben, auch wenn ich an der leicht gerunzelten Stirn seine Zweifel erkennen konnte. „Du musst. Zieh jetzt bitte deinen BH aus."

„Hä?" Der Themenwechsel erwischte mich wie ein Eimer Eiswasser.

Er lächelte schelmisch. „Keine Sorge, ich sehe nicht hin." Er drehte sich um, und sah in die entgegengesetzte Zimmerecke.

Ein paar Sekunden lang starrte ich wie betäubt auf seinen Hinterkopf. Um genau zu sein, war das nur logisch. Wenn er mich wirklich vergewaltigt hätte, hätte ich den vermutlich anschließend nicht mehr angehabt.

Ich hatte ein flaues Gefühl im Magen, als ich mir meinen Pullover und mein T-Shirt über den Kopf streifte. Meine Haut schien zu kribbeln, und ich prüfte mehrmals, dass er sich nicht doch umgedreht hatte. Nur eine Neigung des Kopfes, und ich wäre seinen Blicken schutzlos ausgeliefert gewesen, kaum eine Armlänge entfernt. Mein Brustkorb wurde so eng, dass ich mich daran erinnern musste, zu atmen. Dennoch blieb es ein eher unregelmäßiges Schnappen nach Luft. Ich wollte gerade nach meinem Pullover greifen, als Marek sagte: „Das T-Shirt reicht."

Ich fuhr herum und starrte, in stummem Entsetzen erstarrt, seinen Hinterkopf an.

Er drehte den Kopf zur Seite. „Entschuldige. Der Spiegel stand ungünstig ... oder günstig, wie man es nimmt." Seine Stimme klang alles andere als zerknirscht.

Ein Blick in den Kleiderschrankspiegel verriet mir, dass man mich dort in ganzer Pracht bewundern konnte. Mein Gesicht war feuerrot. Mit einer hektischen Bewegung streifte ich das Shirt über und verschränkte dann die Hände fest vor meiner Brust, als könne ich damit im Nachhinein noch irgendwas verstecken. Einen Blick in sein Gesicht wagte ich kaum. Dabei war er es doch eigentlich, der sich hätte schämen müssen! Das war allerdings anscheinend nicht der Fall.

„Ich hoffe, dir liegt nicht so viel an dem T-Shirt", sagte er unvermittelt.

Ich sah auf mein Abi-2012-Shirt hinab und schüttelte den Kopf. „Dass da ein Spiegel steht, ist dir verdammt spät aufgefallen." Meine Stimme klang weniger verärgert als eigentümlich belegt, und ich musste mich räuspern.

Mit beiden Händen griff er an den Halsausschnitt des T-Shirts, zog mich näher zu sich heran und grinste. „Das könnte ich jetzt behaupten, aber ich will dich nicht anlügen." Der Stoff zerriss und entblößte meine halbe Schulter. Ohne den BH, nur mit dem dünnen, zerfetzten Stoff zwischen uns, kam ich mir ungeheuer verletzlich vor. Als er das Shirt an einer weiteren Stelle zerriss, streifte sein Oberarm meine Brust und jagte mir einen ungeahnten Schauer bis hinab in den Unterleib. Hastig senkte ich den Kopf, weil ich vermutlich noch roter anlief, wenn das überhaupt möglich war. Ich zog und zerrte an dem zerfetzten Stoff, machte es aber wahrscheinlich eher schlimmer als besser, wenn ich seinen überaus interessierten Blick richtig deutete.

„Schaffst du es selbst, dir ein paar blaue Flecken zu machen?"

„Hab's noch nie versucht." Am liebsten hätte ich ihm gesagt, dass es mir lieber wäre wenn er das macht, ich konnte mich dann allerdings noch bremsen.

„Leg dich hin." Der Klang seiner Stimme ließ mich aufblicken. Bei dieser Aufforderung klang sie nicht mehr ganz so abgeklärt, aber verlegen war auch keine treffende Bezeichnung.

Richtig wäre es wohl gewesen, die ganze Nummer in barschem Ton zu unterbrechen und es wenigstens selbst zu versuchen. Immerhin zögerte ich. „Ich, äh … "

Mit einer geübten Bewegung griff er nach meinen Unterschenkeln und zog. Ich lag schneller, als ich gedacht hätte.

Marek beugte sich über mich und hielt meine Unterarme fest. Es tat weh, aber nicht so sehr, wie ich befürchtet hätte. Für blaue Flecken reichte es wohl dennoch. Das war ja auch der Sinn und Zweck der Übung. Für einen eindeutig zu langen Augenblick fühlte ich mich wieder an das Gespräch auf der Veranda erinnert und musste den Gedanken hastig zurückdrängen; mit wenig Erfolg. Etwas verlegen murmelte ich; „Das ist das Bizarrste, was ich jemals gemacht habe."

„Ich dachte, du bist Masochistin?", sagte er mit einem schiefen Lächeln. „Und wenn das schon das Bizarrste ist, solltest du eindeutig experimentierfreudiger werden."

Ich hatte eher das Gefühl, in letzter Zeit wäre ich zu experimentierfreudig.

Er ließ meine Arme los und hielt mir wieder den Mund zu, sein Lächeln verwandelte sich in ein Grinsen. „Das tut mir jetzt sehr leid." Sein Kopf sank zu meinem Hals herab, und seine Lippen schlossen sich um meine Haut. Ich wollte mich beschweren, brachte aber keinen Ton heraus und trommelte mit meinen Fäusten auf seinem Rücken herum. Dann jedoch wurde meine ohnehin nicht sehr entschlossene Gegenwehr fahriger, bis sie schließlich vollkommen verebbte. Unsere Körper waren sich an fast jedem Punkt so nahe, dass die Hitze bei einer echten Berührung kaum intensiver hätte sein können. Die dünnen, feinen Härchen an meinen Unterarmen streiften ihn und täuschten eine Berührung vor, die gar nicht da war. Diejenige jedoch, die da war, sein leicht geöffneter Mund auf der weichen Haut meines Halses und ein rhythmisches, pulsierendes Saugen trieben ein Schaudern bis hinab zu meinen Brüsten. Eine ungeheure Anspannung ergriff von mir Besitz, die meine Zehen unruhig durch den Stoff des Bettes wühlen ließ. Als er mich wieder losließ, stieß ich halberstickt hervor: „Das ist nicht komisch."

„Dein Gesichtsausdruck schon." Er stand auf und reichte mir die Hand, mit der anderen strich er sich ein paar widerspenstige, schwarze Strähnen aus dem Gesicht. „Zerstrubbele noch ein bisschen deine Haare."

Ich sah in den Spiegel und folgte seiner Anweisung. Ich sah schon recht glaubwürdig aus, nur leider waren meine Tränen schon längst getrocknet, und meiner Miene konnte man viele Gefühlsregungen entnehmen, aber sicher nicht blankes Entsetzen oder Demütigung. Ich versuchte, einen leidenderen Gesichtsausdruck auf mein Gesicht zu zaubern, aber besonders überzeugend wirkte das nicht.

Marek dreht mich zu sich herum und musterte mich. „So solltest du öfter aussehen", sagte er leise. Seine Augen schienen zu brennen als lodere in ihm ein Feuer, und ich musste meinen Blick senken, hinab zu der sanft geschwungenen Halsbeuge, an der ich ein paar schwarze Bartstoppeln sehen konnte; gerade lang genug, dass sie sich sicher gut anfühlen würden, wenn sie meine Lippen streiften. „Das hättest du wohl gerne, was?" Ausgesprochen klang es noch weniger schlagfertig als vorformuliert in meinem Kopf.

Vorsichtig hob ich wieder den Kopf. Unsere Blicke trafen sich und mir fiel auf, dass die silbernen Sprengsel, die man sonst in seinen Augen sehen konnte, mit dem Schwarz verschmolzen waren.

Ich öffnete meinen Mund, um die Stille zu durchbrechen, wollte etwas Witziges sagen, oder etwas Abfälliges, aber bevor ich nur ein Ton herausbekam, hatte er mich an sich gezogen und seine Lippen auf meine gelegt.

Ich konnte nicht denken. Ich schloss meine Augen und konnte fühlen, wie seine Zunge über meine Lippen strich, ohne, dass diese ihm auch nur den geringsten Widerstand geleistet hätten. Mein Herz flatterte wie ein Vogel in einem zu engen Käfig. Seine Hände fuhren unter meinem Shirt meinen Rücken hinauf, und meine Haut prickelte bis zu den Unterarmen hinab. Als hätte mein Körper einen eigenen Willen, der losgelöst von meinem Verstand funktionierte, presste sich ihm meine Hüfte entgegen. Meine Hände fuhren durch sein Haar, und ein leichter Geruch von Männerduschgel wehte mir entgegen.

Ich spürte die Kühle der Wand an meinem Hinterkopf und lehnte mich daran. Das zerrissene T-Shirt fiel beinahe von selbst herab, und die Wärme seiner Haut auf meinen Brüsten jagte mir Schauer durch den ganzen Körper.

Er löste seine Lippen von meinen und brachte sie ganz dicht an mein Ohr heran. „Du bist noch viel dümmer als ich gedacht hätte."

Ich erstarrte. Was zur Hölle tat ich hier gerade?

Ohne mich noch eines Blickes zu würdigen, wandte Marek sich von mir ab. „Ich weiß wirklich nicht, wozu wir den ganzen Aufwand überhaupt betrieben haben. Wenn du so leicht rumzukriegen bist, hätte ich es ja auch einfacher haben können. Zieh dich an. Ich habe schon genug Zeit mit dir verschwendet."

Mechanisch griff ich nach meinem zerrissenen T-Shirt. Der erste Gedanke, der mir in den Kopf schoss, war die Frage, ob ich etwas falsch gemacht hatte; gleich darauf folgte ein sehr eindeutiges „Ja" als Antwort. Hatte ich das gerade tatsächlich getan? Blitzartig kam mir ein Bild in den Sinn das mir besser zehn Minuten früher eingefallen wäre: Sebastian, gefesselt und mit blutig gescheuerten Händen, dem Tränen über das Gesicht liefen, während ich mit unserem Entführer im Hinterzimmer rummachte. Ich versuchte, meine Tränen zurückzuhalten, aber ich hatte nicht genug Kraft. Noch immer hatte ich das Gefühl, seine Hände auf mir zu spüren, aber nach seinen Worten hinterließen diese Phantomberührungen nichts als Scham. Ich war nichts wert. Ein Dreck, der sich nur um sich selbst scherte und anderen nur Pech und Undankbarkeit brachte. Meine Rippen schienen sich so stark zusammenzupressen, dass mir die Luft wegblieb; ich wünschte, sie hätten sich in meine Lungen gebohrt und mir das langsame qualvolle Ende bereitet, das ich verdient hatte.

Mit einem Stoß in den Rücken schubste Marek mich halb ins Wohnzimmer.

Marco, Sebastian, Steinbach, André, und sogar Bär, der in der Zwischenzeit erwacht sein musste, starrten mich an; sie alle schienen das Atmen vergessen zu haben.

Am liebsten wäre ich im Boden versunken, so dreckig fühlte ich mich.

Marek hielt mich am Arm fest und hinderte mich daran, ins Badezimmer zu huschen. „Wolltest du nicht kochen?" Völlig gelassen nahm er sich eine Zigarette.

Ich riss mich von ihm los und beendete meine Küchenarbeit in schrecklicher Stille und in einem verqualmten Zimmer. Dann durfte ich endlich ins Badezimmer.

KAPITEL 11

MACHTSPIELE

Ich weiß nicht, wie viel Zeit ich in der Badewanne verbrachte, und die Tatsache, dass mich niemand daraus vertrieb, überraschte mich umso mehr.

Wieder und wieder hatte ich die Situation durch meine Gedanken gewälzt, und war zu der Einsicht gelangt, dass ich Marek nicht böse sein konnte. Es gab nur zwei Optionen: Entweder er hatte all das nur getan, um das Schauspiel perfekt zu machen. Entspräche das der Wahrheit, so wäre ihm sein Plan durchaus geglückt und der Zweck heiligte in diesem Fall die Mittel.

Oder er hatte ernst gemeint, was er gesagt hatte. Wenn das der Fall wäre, hätte er Recht gehabt.

Die Einzige, die sich Vorwürfe zu machen hatte, war ich.

Was war eigentlich falsch mit mir? Ich sollte doch Angst haben, ich sollte Marek hassen, versuchen zu fliehen. Das hätte zumindest jeder normale, nicht vollkommen gestörte Mensch getan. Eigentlich wusste ich gar nichts von ihm. Jedes Wort, das er mir erzählt hatte, hätte eine Lüge sein können, vielleicht hatte er nicht mal eine Schwester. Und genau das hatte er ja quasi auch Steinbach gegenüber zugegeben – ich war nichts als ein dummes Mädchen, das man nach Belieben manipulieren konnte, um es auf dem Schachbrett in eine gefällige Position zu manövrieren. Oder war auch das gelogen gewesen? Um Steinbach bei Laune zu halten? War es am Ende überhaupt wichtig?

Er hatte mich geküsst, und ich hatte es nicht über mich ergehen lassen, ich hatte nicht nur mitgemacht, es hatte mir sogar gefallen. Mehr noch – und diese Erkenntnis ließ mich in der schäbigen, moosgrünen Badewanne zusammenkauern – es hatte mir Lust bereitet. Und das alles, obwohl mein Freund, der mir seit vier Jahren treu war, nicht einmal fünf Meter von mir entfernt gefesselt saß. Sebastian war nicht einmal wütend, nein, er hatte auch noch Mitleid mit mir.

Das Einzige, was ich hätte tun können, um wieder mit mir ins Reine zu kommen, wäre gewesen, ihm die Wahrheit zu sagen, und das durfte ich nicht. Wenn ich ehrlich mit mir selbst war, hätte ich es nicht einmal gekonnt. Meine eigene Falschheit und Feigheit ekelte mich so sehr an, dass meine Handgelenke wieder anfingen zu brennen. Im Wasser drehte ich die Hände zu mir herum und erkannte noch die schlanken Narben, die sich dort Dank meiner früheren Dummheit in die falsche Richtung zogen.

Ich rutschte ein Stück tiefer, sodass mir das mittlerweile erkaltete Badewasser bis knapp unter die Nase reichte und mir die Arbeit abnahm, mir die Tränen von den Wangen zu wischen.

Ohne Vorwarnung wurde die Badezimmertür aufgerissen.

Ich zog meine Beine an meinen Körper und versuchte, mich mit meinen Armen zu bedecken.

Marek stand in der Tür. „Jetzt beweg dich endlich. Es gibt auch noch andere, die ins Bad müssen."

Obwohl ich während meiner Zeit in der Badewanne geglaubt hatte, meine Tränenkanäle komplett ausgepumpt zu haben, bewies mir mein Körper das Gegenteil. „Raus hier! Raus hier, raus!", brüllte ich.

Er blieb noch ein paar Sekunden länger in der Schwelle als notwendig gewesen wäre, dann zog er die Tür hinter sich zu.

Ich griff nach einem Handtuch, das noch immer feucht war, weil irgendjemand anderes es benutzt hatte, und wagte mich aus dem Wasser.

Ich atmete tief durch und begann, mich anzuziehen, ohne das Handtuch abzulegen. Wer wusste schon, wer als Nächstes hereinkam? Ich versuchte, einen Blick in den Spiegel zu vermeiden und war froh, dass er zu beschlagen war und ich nichts als Umrisse erkennen konnte; ich hätte mir einfach nicht in die Augen sehen können.

Der Schritt nach draußen kostete mich noch einmal viel Überwindung.

Marcos, Sebastians, Bärs, Steinbachs und Andrés Blicke waren so intensiv, dass ich sie fühlen konnte, auch ohne sie anzusehen. Hinter ihren Stirnen liefen kleine, private Filme in deren Zentrum ich agierte und alles wovon sie glaubten, dass es geschehen sein könnte. Am liebsten wäre ich gleich wieder ins Badezimmer verschwunden.

Bär stand auf, um mit ruhigen Schritten auf mich zuzugehen. Wieder einmal legte er mir Handschellen an; diesmal allerdings nur an einer Hand und in einer ausgesprochen bequemen Position. „Ich mache dir etwas zu Essen warm", brummte er leise.

Ich schüttelte den Kopf und wollte antworten, dass ich keinen Hunger hatte, aber mein Hals war kratzig, und ich bekam keinen Ton heraus.

Bär packte mir ein paar Reste auf einen Teller und schob ihn in die Mikrowelle.

Es war ungewöhnlich still, nicht einmal André und Steinbach machten Witze, sondern warfen abwechselnd mir und dem Fernseher stumme Blicke zu.

Dann gab die Mikrowelle ein leises „Pling" von sich, Bär stellte mir mein Essen vor die Nase und hielt mir eine Gabel hin. Automatisch griff ich mit meiner freien Hand danach, obwohl ich tatsächlich keinen Hunger hatte. „Danke", flüsterte ich, und kam mir dabei wie eine elende Heuchlerin vor.

Ich quälte mir ein paar Brocken herunter und war vollkommen überrascht davon, dass es André war, der den Teller nahm und abwusch.

Es herrschte eine merkwürdige Atmosphäre, in der jeder bemüht war, mich mit Höflichkeit und – ja – Respekt zu behandeln.

Marek ließ sich über eine Stunde lang nicht blicken, und eigentümlicherweise sorgte das dafür, dass ich mich alleingelassen fühlte. Dann kam er irgendwann doch aus dem Schlafzimmer. Trotz allem auf seine Anweisungen bedacht kauerte ich mich in einer Ecke zusammen und versuchte, mich unsichtbar zu machen.

„Steinbach, Bär, André."

Marek gab den dreien mit einem Wink zu verstehen, dass sie zu ihm rüber ins Schlafzimmer kommen sollten.

Kaum hatten alle das Wohnzimmer verlassen, als Sebastian zu mir herüberrückte. „Schatz?" Seine Stimme war belegt, und seine Augen waren rot und verquollen. „Wie geht es dir?"

Ich gab mir Mühe, ihn anzusehen, dennoch blieb mein Blick an Marco haften, der mich fixierte, als versuche er, meine Gedanken zu lesen. „Schon in Ordnung", sagte ich tonlos.

Sebastian biss die Zähne zusammen und in seinen Augen blitzte blanker Hass auf. „Ich schwöre dir, das Schwein kommt nicht mehr lebend hier raus. Und wenn ich mir die Hände absägen muss, um an ihn ranzukommen, ich werde ihm die Eier abschneiden und in sein Maul stopfen!"

Ich schüttelte den Kopf und sah ihn ängstlich an. „Nein! Nein, ich ... " Ich biss mir auf die Lippen. Marek hatte mich ermahnt, den beiden gegenüber nichts zu verraten, um mich zu schützen. Wäre das nicht egoistisch? „Ich will nicht, dass du dich in Gefahr bringst. Man kann sowieso nichts ungeschehen machen."

Marco kniff die Augen zusammen, und ich schluckte schwer.

Sebastian knurrte. „Ich werde ihn nicht einfach so davonkommen lassen. Ich fühle mich so schäbig. Ich war direkt nebenan und ich habe nichts getan, um dir zu helfen. Es ist auch meine Schuld, und ich werde das wieder gutmachen." Er schluchzte leise, auch wenn er versuchte, wütend auszusehen. Es war das erste Mal seit wir uns kannten, dass ich ihn weinen sah.

Auch in meinen Augen brannten wieder Tränen. Er würde alles für mich tun – und ich hatte nichts anderes zu tun, als hinter seinem Rücken begierig den Mann zu küssen, dem seine Todesdrohungen galten. „Ich will nur nicht, dass du stirbst", schluchzte ich. „Dann ginge es mir auch nicht besser."

„Ich gehe lieber bei dem Versuch drauf, als ihn einfach ungestraft davonkommen zu lassen." Sein Gesicht verschwand hinter einem Schleier von Tränen. Ich konnte das nicht aushalten. Ich musste es ihm erzählen. Sein Leben würde ich nicht riskieren.

Bevor ich einen Ton herausbringen konnte, öffnete sich die Schlafzimmertür, und die Männer kehrten zurück.

Ich blinzelte hastig und konnte sehen, dass Marek mir einen misstrauischen Blick zuwarf.

Er war mit zwei Schritten über mir und machte sich an

meinen Handschellen zu schaffen.

„Es macht euch doch nichts aus, wenn ihr heute Nacht im Wohnzimmer schlaft." Es war mehr eine Feststellung als eine Frage, die Marek an André, Steinbach und Bär richtete.

André und Steinbach versicherten hastig, dass das kein Problem wäre. Sie waren wie ausgewechselt. Anscheinend hatte Mareks Plan funktioniert – und ich musste die Konsequenzen tragen. Bär sah ihn nur stumm an.

Ohne, dass ich irgendetwas hätte tun können, hatte Marek mich auf die Beine gezogen und zum Schlafzimmer hinübergeschoben.

Sebastian riss mit solcher Gewalt an seinen Fesseln, dass seine Handgelenke anfingen zu bluten. Seine Miene war so von Hass verzerrt, dass ich ihn kaum wiedererkannte. Das letzte was ich sah, war, wie Steinbach ihn vorsorglich knebelte und ihm mit seinem Ellenbogen einen harten Schlag auf den Hinterkopf verpasste.

Dann bugsierte Marek mich wieder zum Bett, ohne, dass ich mich groß gewehrt hätte. Er machte meine Handschelle am Bettgeländer fest, sodass ich bequem auf dem Bettrand sitzen konnte.

Er sah mir kurz in die Augen, dann hörten wir, wie sich hinter uns die Schlafzimmertür öffnete und wieder schloss. Wir wandten uns um.

Es war Bär, der eine Pistole auf Marek gerichtet hielt. „Rühr dich nicht von der Stelle." Seine Stimme verriet keine Gefühlsregung. „Kara. Nimm die beiden Pistolen, die er im Hosenbund hat, eine nach der anderen, und leg sie auf die Bettdecke."

Unsicher sah ich zu Marek auf, der Bär nicht aus den Augen ließ. „Tu es nicht, Kara."

Ich blickte zu Bär zurück, der seinerseits seinen Blick

nicht von Marek wandte, obwohl seine nächsten Worte sich an mich richteten. „Kara, wenn du mir die Waffen gibst, passe ich auf dich auf. Dann wird dir nichts mehr passieren, das verspreche ich." Sein Tonfall änderte sich abrupt, von aufrichtig und beruhigend hin zu dem beängstigenden Knurren, das ihm wahrscheinlich seinen Spitznamen eingebracht hatte. „Du bist zu weit gegangen Marek. Ich dachte, du wärst vernünftig, aber damit lag ich wohl falsch. Ich übernehme jetzt das Kommando."

Marek schüttelte den Kopf und senkte die Stimme. „Das ist ein Missverständnis. Ich habe ihr nicht ein Haar gekrümmt. Kara, sag es ihm."

Bär blinzelte verwirrt, blieb aber merklich aufmerksam. Muskelstränge an seinem Hals spannten sich zunehmend an.

Meine Gedanken rasten. Ich saß angekettet zwischen zwei schwer bewaffneten Männern, und hatte offensichtlich trotz meiner Schwäche die Macht. Ich blickte zwischen den beiden hin und her. „Es stimmt", flüsterte ich. „Es war alles nur gespielt, um Steinbach abzulenken."

Bär runzelte die Stirn, und Marek erklärte leise alles was geschehen war – nun ja, fast alles. Gewisse Unterstützungsmaßnahmen für meine Schauspielkunst sparte er großzügig aus.

Mit zusammengekniffenen Augen sah Bär in meine Richtung. Sein Blick haftete auf meinem Hals, und ich erinnerte mich, dass sich dort ein Knutschfleck befand. Verschämt strich ich meine Haare zurecht, sodass er ihn nicht mehr sehen konnte.

Bär nickte und ließ seine Pistole sinken, ohne aufzuhören, uns weiterhin abwechselnd misstrauisch zu mustern. Er verstaute die Waffe gut versteckt unter seinem weiten Pullover. Ob er die dort schon die ganze Zeit getragen hatte?

Wie viele Waffen waren in der Wohnung noch versteckt? Marek ließ die Schultern sinken und atmete durch. Er musste einen ähnlichen Gedanken gehabt haben, denn er fragte: „Wo hast du die her?"

„Sicherheitsreserve." Bär wandte sich ab und wollte das Zimmer verlassen, wandte sich aber noch einmal zu mir um. „Wenn du Hilfe brauchst, sagst du Bescheid."

Ich sah zu Boden und nickte. Dann ging er ins Wohnzimmer zurück, wo es noch immer unheimlich still war, und schloss die Tür hinter sich.

Marek ließ sich neben mir auf der Bettkante nieder und nahm wie mechanisch seine Zigarettenschachtel hervor. „Darf ich auch?", fragte ich heiser.

Er reichte mir schweigend eine, und wir rauchten beide in Rekordgeschwindigkeit, ohne uns auch nur darum zu kümmern, das Fenster zu öffnen.

„Danke", sagte er.

„Wofür?"

„Du hättest ihm nicht die Wahrheit sagen müssen."

„Habe ich doch auch nicht."

Er sah mich fragend an, und in seinen Augen sah ich wieder einen Moment lang den Ausdruck, den er gehabt hatte, als er Linna hinter der Tür bedrohte. Die Verzweiflung des Versuchs, etwas Schlimmes verhindern zu wollen, ohne noch Schlimmeres tun zu müssen.

„Du hast mir ganz sicher ein Haar gekrümmt, vielleicht auch zwei."

Er zündete sich eine zweite Zigarette an, und reichte auch mir eine weitere. „Ich schätze, es wiegt schwerer, dass ich deinen Stolz verletzt habe."

Das tat weh. Ich schnaubte. „Als ob du das könntest", behauptete ich.

„Es tut mir leid."

„Wehe, du kommst noch einmal ungefragt ins Badezimmer." Ich schob mich auf das Bett und winkelte die Knie an, ganz so, wie ich es in der Wanne getan hatte. Vielleicht hatte ich so das Gefühl, die kleinstmögliche Angriffsfläche zu bieten. „Warum hast du mich hier rübergebracht? Wohl nicht, um dich zu entschuldigen."

Er schüttelte den Kopf. „Ich dachte, du schläfst lieber in deinem Bett, als zu dritt auf der Couch."

Ich schob mein Kinn vor und funkelte ihn böse an. „Was für eine dämliche Ausrede ist das, als ob dich das je interessiert hat, ob ich bequem schlafe, oder mir die Gliedmaßen bei den Verrenkungen abfaulen! Lieber zu dritt mit meinem Freund auf der Couch, als mit dir zu zweit im Bett."

„Keine Sorge", antwortete er kühl. „Ich schlafe selbstverständlich auf dem Fußboden."

Ich schluckte. Damit hatte ich nicht gerechnet, und einen Augenblick lang taten mir meine Worte leid. Dann dachte ich wieder an das, was Marek noch vor wenigen Stunden zu mir gesagt hatte. Er stand auf, und verschloss die Schlafzimmertür von innen.

„Du hast nichts mehr über deine Schwester gesagt." Eigentlich hätte ich kein Gespräch mehr anfangen dürfen und alles auf sich beruhen lassen müssen. Dennoch verstand ich nicht, warum statt der eigentlich geplanten Übergabe – Geld gegen Geisel – all die schrecklichen oder zumindest im höchsten Maße irritierenden Dinge geschehen waren.

Marek kam zum Bett herüber und wollte sich eine Decke holen, aber da Sebastian und ich uns eine große Decke teilten, blieb ihm nur ein Kopfkissen. „Er hatte Elena nicht wie vereinbart dabei. Daher habe ich ihm das Geld nicht gegeben und ihm gesagt, dass er wiederkommen soll, wenn sich beide Seiten an die Vereinbarung halten." Ich zog meine Socken aus und entschied mich, in dieser Nacht einmal mehr in Jeans und T-Shirt zu schlafen; dieses Mal in einem zerrissenen T-Shirt. „Ihr bleibt noch?" Ich schob meine Beine unter die Bettdecke und lehnte mich zurück. Mein Rücken und meine Gelenke stöhnten ein Halleluja, als ich mich auf der weichen Matratze ausstreckte.

„Ja, tut mir echt leid für euch." Seine Stimme war fast unerträglich zynisch. Kein Wunder, da seine Schwester, anstatt endlich wieder bei ihm zu sein, wahrscheinlich weiter durch die Hölle gehen musste.

„Mir tut es wirklich leid. Ich wünschte mir so sehr, sie wäre in Sicherheit."

Neben mir öffnete er das Fenster, um den Qualm rauszulassen und zog sein T-Shirt über den Kopf. Ich konnte nicht anders als hinzusehen.

Ich hatte noch niemals einen so wohlproportionierten Rücken gesehen, und es juckte mich in den Fingern, meine Zeichenkohle aus dem Schrank zu holen.

Marek legte sich auf den harten Boden und löschte meine Nachttischlampe. „Gute Nacht."

„Gute Nacht."

Einige Minuten verstrichen, ohne, dass ich auch nur den Versuch gemacht hatte, zu schlafen. Stattdessen wälzte ich Sätze in meinem Kopf, die ich sagen könnte, bis ich schließlich irgendetwas hervorbrachte: „Marek?" Der Rest war noch nicht fertig formuliert. Immerhin war es ein Anfang.

„Hmmm?"

„Wegen vorhin, ich, ich ..." Wie ein Fisch an Land schnappte ich zwar nicht nach Luft, dafür aber nach den richtigen Worten. „... Ich mache sowas sonst eigentlich nicht. Wirklich. Nie. Ich weiß nicht was da … wie es dazu kommen konnte, und ich will nur nicht … "

„Ich weiß. Es liegt an dieser ganzen Situation. Ist doch klar, dass man da durchdreht. Ich hab das provoziert, es ist meine Schuld. Also mach dir bitte keine Gedanken mehr darüber. Ich habe diese Sachen nur gesagt, damit es vor den anderen glaubwürdiger aussieht."

Seine Stimme klang nachtseidig in der Dunkelheit, beinahe aufrichtig. Wenn das wahr wäre, was hätte er dann noch manipuliert? Hatte er mich vielleicht sogar nur geküsst, um all das in die Wege zu leiten?

Ich versuchte, mich trotz meiner Handschellen auf die Seite zu drehen und schloss die Augen. Obwohl es mir hätte egal sein sollen, konnte ich den Gedanken nicht beiseite schieben. Nach einer gefühlten Ewigkeit drehte ich mich auf die andere Seite und sah auf den Radiowecker. Halb drei, und ich fühlte mich noch immer schrecklich aufgekratzt.

Wenn ich alle Ereignisse des Tages noch einmal hätte Revue passieren lassen wollen, wäre die Nacht wohl vorbei gewesen. Aber von all dem – Herrn Klein, dem kleinen roten Nachthemd, das Steinbach mir unter die Nase gehalten hatte, Sebastians blutverschmierten Handgelenken – kehrten meine Gedanken immer wieder zu Mareks Händen zurück, die über die Haut meines Rückens strichen.

Unter der Decke und meiner Jeans war es unerträglich warm, meine Haut kribbelte. Unruhig warf ich mich auf die andere Seite und gleich wieder zurück, starrte auf die Stelle an der Wand, an der ich gelehnt hatte als er mich küsste.

Der Stoff meiner Jeans jagte tausend widersprüchliche Signale meine Oberschenkel hinauf. Ich schob meine

Hand zwischen meine Beine und biss mir kräftig auf die Lippen, damit es aufhörte.

Wenn ich meine Augen einen Spalt öffnete, konnte ich Mareks nackte Schulter sehen, die sich im ruhigen Rhythmus hob und senkte. Ich hätte nur meine Hand ausstrecken müssen, um die Wärme seiner Haut unter meinen Fingern zu spüren. Schnell schloss ich wieder die Augen. Wie von selbst schob sich meine Hand in meine Hose und unter meinen Slip, und ich fühlte warme Feuchtigkeit an meinen Fingern.

Mein Herz schlug so schwer, dass es in meiner Brust beinahe schmerzte und das Rauschen meines Blutes war so laut, dass ich glaubte, man müsse es selbst durch die Wand hindurch hören. Ohne es zu wollen hatte ich wieder die Augen geöffnet und sah auf die verführerische Haut, die vor mir vom Mondlicht bestrahlt wurde. Er könnte jeden Moment aufwachen. Vielleicht schlief er nicht mal. Ich musste wieder an das Brennen in seinen Augen denken, daran, wie seine Zunge auf meinen Lippen um Einlass gebeten hatte. Vorsichtig, erst langsam, dann schneller werdend streichelte ich mich selbst. Wenn er wach wäre, würde er sicher das verdächtig rhythmische Rascheln von Stoff hören. Die Hitze war unerträglich, und am liebsten hätte ich mir alle Klamotten auf der Stelle vom Leib gerissen. Er konnte sich jederzeit umdrehen. Mein leise rasselnder Atem wurde von der Bettdecke gedämpft. Er könnte mich zu sich auf den Boden ziehen. Zitternde Anspannung ergriff von meinen Oberschenkeln Besitz. Ich wünschte, es wären seine Finger, die in mich eindrangen.

Ohne Vorwarnung drehte Marek sich um, und ich erstarrte. Schlagartig überfiel mich die Angst. Aber seine Augen waren geschlossen.

Langsam, bedächtig, zog ich meine Hand wieder hervor, atmete tief ein, und setzte mich dann im Bett auf, um mich vorsichtig über ihn zu beugen.

Auf seiner Haut konnte ich sehen, dass er eine Gänsehaut hatte. Wahrscheinlich war es ziemlich kalt im Zimmer, denn das Fenster stand noch immer offen.

Meine Finger streckten sich nach Mareks Schulter aus und verharrten einen Augenblick in der Luft. Immerhin waren sie gerade an einer sehr intimen Stelle gewesen. Ich kam aber doch zu dem Schluss, dass es ihn wahrscheinlich nicht gestört hätte, selbst wenn er es gewusst hätte.

Ich rüttelte an seiner Schulter und flüsterte seinen Namen.

Er brummte.

„Jetzt komm schon ins Bett", flüsterte ich.

Er blinzelte verschlafen. „Was?"

„Dir ist eiskalt. Du hast eine Gänsehaut. Jetzt leg dich hin", sagte ich.

Ohne zu widersprechen stand er auf und legte sich neben mich. Er sah mir in die Augen, und binnen weniger Herzschläge waren wieder die gleiche Hitze und das gleiche Kribbeln in mir wie noch vor wenigen Augenblicken.

Ich reichte ihm einen Zipfel meiner Bettdecke, und schon konnte ich die Kühle seiner Haut an meinem Oberarm spüren. Er beugte sich über mich, und seine Schulter, die ich noch eben angestarrt hatte, befand sich nur wenige Millimeter von meinem Gesicht entfernt. Der Duft, der von ihm ausströmte, machte mich fast wahnsinnig.

Er schob den Handschellenschlüssel in das Schloss, und ich konnte meine zweite Hand wieder frei bewegen. „Du versuchst doch nicht, wegzulaufen, oder?"

Ich schüttelte den Kopf, und meine Wange streifte an seiner Brust entlang.

Er legte sich zurück, mit artigem Sicherheitsabstand zu mir, und schloss die Augen.

„Marek?", flüsterte ich.

„Hmmm."

„Es tut mir leid, dass wir euch all diese Umstände bereiten. Ich wünschte, wir wären einfach an einem anderen Ort untergekommen." Ich weiß nicht, warum ich es überhaupt sagte. Vielleicht nur, um überhaupt etwas zu sagen, weil ich seine Stimme hören wollte.

„Wenn sich hier jemand entschuldigen muss, dann doch wohl wir." Ich glaubte, ein leises Lächeln in seiner Stimme zu hören. „Steinbach hätte dich wahrscheinlich umgebracht."

„Wenn du nicht gewesen wärst", flüsterte ich, halb hoffend, dass er es nicht hörte. Ich wusste, dass er protestieren wollte, sagen wollte, dass er es mir schuldig gewesen wäre. Aber ich wollte nicht diskutieren und drehte mich zu ihm um. Bevor er etwas sagen konnte, zog ich ihn in einer halben Umarmung zu mir heran. „Danke."

Tatsächlich schwieg er, nur seinen ruhigen Atem konnte ich auf meinem Schlüsselbein spüren, das durch das zerrissene T-Shirt entblößt war. Von seinen Haaren ging ein unverkennbarer Duft aus, den niemand anderer ausströmte und der mir mittlerweile vertraut war.

„Kara?" Mareks Stimme war heiser. Vielleicht lag es daran, dass ich ihn gerade erst geweckt hatte. Vielleicht aber auch daran, dass ich noch immer keinen BH trug und meine Brüste unter dem T-Shirt-Stoff sich überdeutlich gegen seinen nackten Oberkörper drückten. „Ich denke, das ist nicht gut. Wir sollten …"

Er ließ mich nicht wissen, was genau wir sollten. Meine Hand lag auf seiner Schulter, und die Haut war von der Nachtluft noch immer kühl, und wärmte sich nur langsam auf.

„Warum hast du mich geküsst?" Einmal ausgesprochen überraschte die Frage mich selbst; dennoch wartete ich auf seine Antwort.

Er schwieg lange. „Ich könnte mir eine Ausrede ausdenken. Aber eigentlich habe ich es nur getan, weil ich es wollte. Es tut mir ..."

Bevor er ausreden konnte, war ich auf dem Laken ein Stück heruntergerutscht, sodass unsere Nasen sich beinahe berührten. Seine Unterlippe bebte leicht und sah dabei so unwiderstehlich weich aus, dass ich hilflos die Stirn in seine Halsbeuge vergrub.

Ich wollte nicht hören, dass es ihm leid tat. Er stieß mich nicht von sich. Er sagte mir nicht noch einmal, dass es nicht gut war, was wir taten, weil wir das ohnehin beide wussten. Stattdessen schloss er die wunderbaren, silbergesprenkelten Augen und küsste mich, bis außer den zersplitterten Sinneseindrücken von Haut und Wärme kein klarer Gedanke sich in meinem Kopf halten konnte. Irgendwann bemerkte ich, dass ich meine Beine um ihn geschlungen hatte, um ihn noch näher zu mir heranzuziehen.

Mareks Hand legte sich auf meinen Oberschenkel und zog mich mit Leichtigkeit zu ihm herüber, sodass ich mit gespreizten Beinen auf seinem Schoß lag und noch immer nicht aufhören konnte, ihn zu küssen, obwohl meine Lippen mittlerweile schon schmerzhaft prickelten. Wie von selbst bewegten sich meine Hüften in kreisenden Bewegung. Sein Atem ging schnell und heftig, und als ich meine Hand auf seinen Brustkorb legte fühlte ich sein Herz rasen. Obwohl wir beide noch immer Jeans trugen, spürte ich durch den dicken Stoff deutlich seine Erregung zwischen meinen Beinen. Das Gefühl war so überwältigend, dass ich meine Lippen von ihm löste, um nach Luft zu schnappen.

„Kara, wir müssen jetzt aufhören", flüsterte er rau. „Ich weiß nicht, ob ich das sonst noch kann." Seine Worte streiften als Lufthauch meine überempfindlichen Lippen. Er schob sich mit den Ellenbogen in eine halbsitzende Position, aber ich machte keine Anstalten zurückzuweichen. Als Antwort zog ich das zerrissene T-Shirt über den Kopf und beobachtete im schwachen Licht, wie sein Gesichtsausdruck von mühsamer Beherrschung zu unverhohlener Lust wechselte.

„Ich will dich", hauchte ich. „Und im Augenblick ist nichts anderes wichtig."

Er legte seine Hand an meine Wange, fuhr dann langsam mit seinem Daumen meinen Hals hinab über die kleine Erhebung meiner Schlüsselbeine und jagte mir knisternde Feuer durch den Körper, als er bei meinen Brüsten ankam. Ein leises Keuchen kam über meine Lippen, als seine Zunge dem gleichen Pfad folgt und meine Brustwarze umspielt. Ohne mein Zutun drücke ich den Rücken durch, ihm entgegen. Jede seiner Bewegungen war sanft – als rechnete er damit, dass ich ihn jederzeit von mir stoßen könnte.

Ich fuhr mit meinen Händen über die sanften Wölbungen seiner Bauchmuskeln, tiefer. Ich musste ein Stück beiseite rücken, um an den Knopf seiner Jeans zu gelangen. Einen Augenblick lang hielt ich inne und sah ihm in die Augen, um ihm wortlos zu versichern, dass ich wirklich bei ihm war und es mir nicht anders überlegt hatte. Mit ihm fühlte sich all das so neu an. Was ich bisher erfahren hatte, war zweifelsohne schön; ein Beweis gegenseitigen Vertrauens und Gemeinsamkeit. Aber bei Marek brannte ich. Jede meiner Bewegungen kam mir unaufhaltsam vor, als hätte ich mein ganzes Leben auf diesen Moment gewartet und wäre erst jetzt aus einem Traum erwacht.

Ein Lächeln legte sich auf seine Lippen, und er nickte sacht. Ehe ich mich versah hatte er mich auf den Rücken gedreht. Seine Hand fuhr meinen Bauch hinab bis zu meiner Jeans, öffnete den Knopf meiner Hose und schob sie herunter, sodass sich nur noch der halb-durchsichtige Stoff meines Slips zwischen uns befand. Sein Daumen fuhr die feine Linie hinab und ich wünschte mir, so sehr, dass der elendige Spitzenstoff nicht zwischen der Berührung stünde. Dennoch zitterten meine Oberschenkel unkontrolliert und ich musste die Augen schließen, um den Moment auszukosten. Dann erst schob er den Stoff beiseite, unerträglich langsam, verwehrte mir aber immer noch eine direkte Berührung seiner Hand, sondern fing an, meinen Bauchnabel zu küssen. Ich seufzte und öffnete doch wieder die Augen. Mein Blick traf seinen und aus dem Lächeln war ein Grinsen geworden; kein Zweifel, dass er mich absichtlich quälte.

Ohne Eile wanderten seine Küsse tiefer. Meine Muskeln standen in Flammen, mein Blut musste sich in Lava verwandelt haben. Ein heiseres „Bitte" entfloh meinen Lippen und mein Becken schob sich ihm entgegen.

Dann endlich gab er meinem Flehen nach, und schon die erste Berührung machte mich halb wahnsinnig. Wie durch ein fein verzweigtes Netz jagten quälende, süchtigmachende Empfindungen von meiner Körpermitte aus in jede einzelne Zelle. Ein unkontrollierter und erschreckender Laut kam aus meiner Kehle, und ich presste mir die Hand auf den Mund, um keine weiteren verräterischen Geräusche von mir zu geben.

Ich schlang meine Beine um ihn und zog seine Hose mit meinen Füßen herunter. Sein Körper war noch wärmer als meiner, und unter meinen Fingern fühlte er sich unwiderstehlich an.

Sein Gesicht schwebte über meinem, und für einen Herzschlag konnte ich in seinen hungrigen Augen unbändige Lust erkennen.

Dann drang er in mich ein, und mein Blick verschwamm. Ich stöhnte und wölbte mich ihm entgegen, und die Anspannung und Hitze, die mich ergriff, wurde immer stärker. Meine Zehen schmerzten, so krampfhaft krallten sie sich in das zerwühlte Laken. Mein Körper bebte vor Begierde, als hätte ein Wahn von mir Besitz ergriffen. Die ganze Welt schien nur noch aus Empfindungen zu bestehen, zersplittert in Bruchstücke, die das Chaos in meinem Kopf spiegelten.

Mareks Hand legte sich auf meinen Mund, denn ich gab mir keine Mühe mehr, leise zu sein.

Die Anspannung in mir entlud sich mit aller Macht und meine Fingernägel gruben sich in seinen schweißnassen Rücken. Marek umklammerte mich fester und ließ schließlich seinen Kopf auf meiner Schulter sinken.

Noch einige Zeit lagen wir so da, bis sich unser Atem beruhigt hatte, dann forderte der Schlaf unerbittlich seinen Tribut.

KAPITEL 12

DER BEOBACHTER

Das schwache Licht des Tages erkämpfte sich seinen Weg bis zu meinen Augenlidern und wollte sich auch nicht von einer über den Kopf gezogenen Bettdecke aussperren lassen.

Sebastians leiser Atem drang an mein Ohr, und ich schmiegte mich enger an ihn, in der Hoffnung, wieder einzuschlafen. Irgendetwas Metallisches drückte in meinen Rücken, und ich versuchte seufzend, es unter mir hervorzuziehen. Meine Hände ertasteten einen Hosenknopf, und ich öffnete die Augen.

Schlagartig überfielen mich Gedanken und Erinnerungen, und mein Kopf fuhr zu Sebastian herum, der gar nicht Sebastian war.

Das Entsetzen lähmte mich für eine winzige Unendlichkeit.

Die Bilder der vergangenen Nacht waren in aller Deutlichkeit zurückgekehrt. Mein Gehirn gönnte sich eine kurze Auszeit. Lösungsmöglichkeiten waren rar gesät, und die einfache Frage, was ich in den nächste Minuten am besten tun sollte, wurde für mich schon zur Herausforderung. Gestern Nacht war mir all das richtig erschienen. Es hatte sich zwar richtig angefühlt, aber jetzt, da mein Gehirn wieder eingeschaltet war, wurde mir klar, dass das nicht bedeutete, dass dieses Gefühl auch unbedingt mit der Realität übereinstimmen musste. Sebastian lag nebenan, vermutlich halbkrank vor Sorge und Wut, Gefühlen ausgesetzt, die ich mir nicht mal ausmalen konnte. Und ich … Gab es eine schlimmere Art, fremd-zugehen? Ich rollte mich zusammen und versteckte meinen Kopf unter den Armen.

Sebastian war für mich dagewesen, damals. Er war der Einzige gewesen, der mich nicht verurteilt hatte, wobei ich es verdient gehabt hatte, verurteilt zu werden. Und all das hier, diese Situation, in die ich mich gebracht hatte, zeigte schon wieder deutlich, dass ich ein verachtenswerter Mensch war.

Es kostete mich viel Kraft, mich dazu durchzuringen, meine verteilten Kleidungsstücke einzusammeln und langsam hochzurappeln.

„Alles okay?"

Ich zuckte zusammen und riss mir instinktiv die Bettdecke vor die Brust, obwohl das absolut lächerlich war. Ich konnte Marek nicht ansehen, nicht einmal antworten.

Wieder einmal liefen mir die Tränen die Wange hinab.

Er setzte sich auf und berührte mich leicht an der Schulter. „Es tut mir so leid. Ich hätte das nicht tun dürfen."

Ich sah ihn ungläubig an und versuchte mit schierem Willen, meine Tränen zurückzudrängen. Ich hatte kein Recht zu weinen. Ich hatte nicht das Recht irgendjemandes Mitleid zu stehlen. „Du? Du hast gar nichts getan. Du hast dir nichts vorzuwerfen. Ich … nur ich …" Meine Stimmbänder verabschiedeten sich, ich zog mir hastig mein T-Shirt wieder über und schlüpfte in meine Hose.

An meinen Oberschenkeln klebten noch immer untrügliche Beweise für meinen Verrat an Sebastian. Weil ich eine Schlampe war. Dreck oder Abschaum: Diese Worte wären noch zu gut für mich gewesen.

Marek hielt mich am Arm fest, und zwang mich, ihn anzusehen. „Hey. Es kann nicht mehr ewig dauern. Wir verschwinden von hier, dann vergisst du alles. Es wird so werden wie vorher."

„Nein", hauchte ich. „Hör auf, nett zu mir zu sein. Ich habe das nicht verdient. Schrei mich an. Behandle mich, als wäre ich das Letzte, denn das bin ich. Genauso, wie du es gestern gesagt hast." Ich entwand mich seinem Griff und wäre fast aus dem Bett gefallen, wenn er es nicht verhindert hätte.

„Ich habe das gestern nur gesagt, weil –"

„Ich weiß! Aber du hattest trotzdem Recht." Ich schloss die Augen, um ihn nicht mehr sehen zu müssen. Dann war es fast so, als kämpfte ich mit meinem eigenen Gewissen.

„Kara – nein. Das stimmt nicht."

„Dann nenne mir einen Grund, warum es nicht stimmen sollte", meine Stimme war hoch und schrill und brach am Ende wie ein Eiszapfen, bevor ich ausgeredet hatte.

Marek setzte zum Sprechen an, verstummte dann aber. Einige Sekunden verstrichen, und ich wünschte mir so sehr, dass ihm auch nur ein einziges Argument einfiel, mein Verhalten zu rechtfertigen. „Die ganze Situation ist nun mal einfach ... kompliziert. Da macht man verrückte Dinge. Niemand erfährt etwas davon, ich verspreche es." Es klang beinahe so, als machte er sich tatsächlich Sorgen um mich. Ich sah ihn wieder an, und schüttelte matt den Kopf.

Ich versuchte, mich selbst zu verstehen. Warum hatte ich mit ihm geschlafen? Lag es an Marek? Oder war Marek nur der einzige der Geiselnehmer, vor dem ich mich nicht fürchtete, sodass meine verdrehte, verquere Psyche sich einen Beschützer suchte? Der Gedanke erschien mir falsch, als wolle ich die Verantwortung für mein unverzeihliches Verhalten von mir schieben. Hatte ich mir die ganze Zeit nur eingebildet, Sebastian zu lieben und nicht gemerkt, dass es eigentlich nur eine Freundschaft war? Wenn das so wäre, wäre es eine Katastrophe, denn dann hätte ich all die Jahre seine Freundlichkeit, seine Gutmütigkeit und sein Verständnis nur ausgenutzt wie ein Blutegel. Ich hatte aufgehört zu weinen, denn so etwas Banales wie Tränen war der Situation alles andere als angemessen. Stattdessen wuchs ein großes, stachliges Geschwür in meinem Hals, das mir die Luft abzuschnüren drohte.

Ich stand vom Bett auf und ging zu meinem Kleiderschrank hinüber. Wahllos griff ich nach irgendwelchen Klamotten und verzog mich ins Badezimmer.

Keinen einzigen Blick konnte ich in das Wohnzimmer werfen; ich wollte niemanden sehen.

Stundenlanges Baden schien zu einer Notwendigkeit zu werden. Ich schrubbte meinen ganzen Körper, bis die Haut rot war und vor Schmerzen brannte, und stellte dann das Wasser so heiß, dass ich es kaum mehr ertragen konnte. Ich weiß nicht, ob ich mir einbildete, dadurch irgendwelche Bakterien abtöten zu können, besser fühlte ich mich jedenfalls nicht.

Wie ferngesteuert ging ich in die Küche und ignorierte die Blicke, die meinen Hinterkopf zu durchbohren drohten.

„Möchte jemand Tee?", fragte ich tonlos.

Niemand antwortete, aber ich hatte ohnehin schon das Wasser aufgesetzt und lauschte nun andächtig dem Rauschen des Wasserkochers. Mechanisch goss ich für jeden einen Tasse ein und bereitete ein ausgiebiges Frühstück vor. Das tat gut, denn ich musste nicht denken und niemanden ansehen.

Als ich fertig war, blieb mir dann aber doch keine Wahl. Mein Blick fiel auf Sebastian, der zusammengekauert auf der Couch lag. Ich war fast sicher, dass er ohnmächtig war.

Erst jetzt fiel mir auf, dass auf dem Fußboden leere Flaschen standen; Bier, Wein, sogar eine teure Flasche Whiskey, die in einer verschlossenen Vitrine gestanden hatte. Unter Steinbachs Augen befanden sich jetzt dicke Tränensäcke, und Andrés Nase war rot. Nur Marco sah mich ruhig und aufmerksam an; er trank nie.

Ich räumte die Flaschen zusammen und stellte sie in eine Ecke, sodass es ordentlicher aussah, und kniete mich auf den Boden neben den Tisch, an dem ich anfangs angekettet gewesen war. Suchend wandte sich mein Blick an Steinbach. „Irgendjemand sollte mich festmachen."

Steinbach schniefte. „Lass mal gut sein, Mädchen."

„Wo sind eigentlich deine Handschellen?", fragte Marco.

„Meine –" Ich sah an meinen Handgelenken herab und musste feststellen, dass ich sie im Schlafzimmer vergessen hatte.

„Ein Wunder, dass du heute Nacht nicht abgehauen bist", sagte André. „Wir müssen echt mal besser aufpassen. Wir waren alle so besoffen, wir hätten das nicht mal mitgekriegt."

Marco warf mir einen Blick zu. „Ja, ein Wunder, dass du es nicht versucht hast." Seine Fingerspitzen tasteten nach dem Asthmaspray, das er schließlich umständlich an seinen Mund hob.

Leises Zischen. Ein rasselndes Luftholen.

Ich konnte nicht anders, als ihn beschämt anzusehen. Eine steile Falte hatte sich zwischen seinen Augenbrauen gebildet und mit Entsetzen sah ich in seinen Augen, dass er ohnehin alles wusste.

Hinter mir klirrte etwas.

Marek hatte die Handschellen auf die Küchentheke gelegt, als dächte er nicht mal daran, mich zu fesseln.

Warum nur vergaß er das? Gerade jetzt? Es war einfach

zu auffällig. Er nahm sich eine Scheibe Toast, die ich vorbereitet hatte, und schlang sie herunter, ohne sich etwas drauf zu legen. „Anruf von Nicolai. Es klang dringend. Er will mit uns allen reden."

Steinbach erhob sich ächzend und trottete hinter Marek und Bär ins Schlafzimmer; als er fast durch die Tür war, sah er sich noch einmal nach mir um. „Du weißt ja: Wenn du Faxen machst, knallen wir irgendwen ab. Aber du benimmst dich ja sowieso. Also vergiss die Handschellen." Ich sah ihm mit versteinerter Miene nach. Einen Augenblick lang dachte ich noch an meinen Slip, der irgendwo da drüben herumliegen musste.

„Du hältst dich wohl für eine tolle Schauspielerin, was?", fragte Marco.

Ängstlich wandte ich mich wieder ihm zu. „Wovon redest du?"

„Versuch nicht, dich dumm zu stellen. Dein Talent ist bedeutend geringer, als du glaubst."

Ich hatte ihn noch nie so gesehen, sein Gesicht war abweisend, und seine Stimme schneidend. Schon wieder führte er sein Asthmaspray zum Mund und drückte so heftig darauf, als handele es sich um eine Waffe.

Ich schüttelte den Kopf, schwieg aber.

„Nicht nur, dass du hier einfach so ohne Handschellen herüberspaziert kommst. Gestern Nachmittag, als dein Freund sich die Seele aus dem Leib gebrüllt hat, obwohl sie ihn geknebelt hatten, war ich sicher, ich hätte dich lachen gehört." Ich kannte Marco so nicht. Sonst war er still, schüchtern, beobachtete aus dem Hintergrund und zeigte kaum einmal Gefühle. Nun aber sah er mich mit dem brennenden Zorn gerechter Vergeltung an. „Sebastian und diese Vollidioten haben sich gestern Nacht vollkommen abgeschossen und überhaupt nichts mehr mitbekommen. Aber als sie eingeschlafen waren, so etwa gegen drei Uhr nachts, habe ich ein paar merkwürdige Sachen gehört. Scheinbar hattest du dich da nicht mehr so gut im Griff."

„Ich habe keine Ahnung was du meinst", flüsterte ich mit ängstlich erstickter Stimme.

Er sah mich angeekelt an. „Ich wusste es schon vorher. Wie du ihn angesehen hast. Einfach widerlich." In seinen Augen konnte ich noch etwas anderes erkennen. Enttäuschung und Ekel, als hätte ich nicht Sebastian, sondern ihn betrogen. Beinahe war ich sicher: In seinen Augen glänzten Tränen.

Er hatte Recht. Ich war einfach widerlich und schämte mich nur umso mehr, es jetzt auch noch abzustreiten. Also schwieg ich. Das stachelige Etwas in meinem Hals schien immer Größer zu werden und nur darauf zu warten, mir endgültig den Atem zu rauben. Dabei wusste ich, dass es mir diesen Gefallen nicht tun würde.

Marco fuhr fort. „Sebastian ist mein bester Freund, und ich werde es ihm sagen. Aber nicht jetzt. Das halte ich für taktisch unklug. Ich will nur eins, und das ist, hier rauszukommen, zusammen mit Basti. Mir ist scheißegal was aus dir wird, aber ich denke, es wäre besser, wenn du mit mir zusammenarbeitest. Vielleicht erzähle ich es Basti dann erst, wenn wir hier raus sind – als kleine Gegenleistung. Und jetzt sag mir alles, was du weißt. Wer ist Herr Klein? Wer ist Nicolai? Was weißt du von jedem Einzelnen von denen?"

„Ich weiß nichts", schluchzte ich.

Marco sah mich so hasserfüllt an, dass ich mir wünschte, seine Blicke könnten töten.

Bevor er jedoch dazu kam, mich weiter auszufragen, stöhnte Sebastian.

Mein erster Impuls war, aufzuspringen und zu ihm zu gehen, aber ich wusste nicht, wie Marco darauf reagieren würde.

Sebastian drehte sich herum und öffnete gequält die Augen. Als er mich sah, war er schlagartig wach und richtete sich auf. „Kara? Oh Gott, wie geht es dir?"

Ich machte eine unbestimmte Geste zwischen Schulterzucken und Nicken, darum bemüht, einen neutralen Gesichtsausdruck beizubehalten. Mein Kiefer war so verkrampft, dass er schmerzte.

„Du hast ja gar keine Handschellen! Los, hau sofort ab und geh zur Polizei!"

Marco schaltete sich ein. „Bevor sie auch nur am Ende der Straße ist, werden die vier uns umgebracht haben und sich aus dem Staub machen."

Sebastian schüttelte den Kopf. „Ist mir egal, wenn sie mich umbringen. Hauptsache, Kara muss nicht mehr leiden."

Ich würgte den dicken, stacheligen Kloß hinunter, um wenigstens ein paar Worte hervorzuquetschen. „Marco hat Recht." Meine Stimme klang wie die einer Fremden.

Ich sah Tränen in Sebastians Augen. Ich konnte mich nicht erinnern, ihn je weinen gesehen zu haben. „Kara, du darfst nicht immer so selbstlos sein. Du musst jetzt an dich denken. Jetzt mach schon!"

Die Worte trafen mich wie eine Ohrfeige. Dass Sebastian mich nach alldem, was ich getan hatte, auch noch als selbstlos bezeichnete, machte mich krank.

Marco warf mir einen warnenden Blick zu und schüttelte hinter Sebastians Rücken den Kopf. Wahrscheinlich wollte er mir damit bedeuten, dass ich ihm nicht die Wahrheit sagen durfte. Immerhin hielt er das ja für „taktisch unklug". Ich konnte es nicht länger aufhalten. Mein

Gesicht verzog sich wie unter großen Schmerzen und die Tränen rannen mir an den Wangen herab.

Steinbach öffnete die Wohnzimmertür. „Wir sind doch keine Schoßhündchen! Als Nächstes will der Arsch, dass wir ihm den Hintern abwischen! Was soll denn das?" Seine buschigen Augenbrauen waren wütend zusammengekniffen.

Bärs Antwort darauf zog an mir vorüber und auch das Stimmengewirr, welches danach folgte. Ich sah Marco an, der es sich jetzt wieder in einer einigermaßen entspannten Haltung bequem machte und die Männer ansah, als könne er kein Wässerchen trüben, und Sebastian, der im begrenzten Rahmen seiner behandschellten Möglichkeiten die Hand nach mir ausstreckte.

Ich stand wieder auf und ging zurück zur Küchenzeile. Neben der Spüle lag noch das Messer, dass ich immer zum Zwiebelschneiden benutzte. Ich schob es in meinen Hosenbund, wo auch das Steakmesser schon gut aufgehoben gewesen war, und stahl mich so unauffällig ich konnte wieder ins Badezimmer zurück. Mein letztes Refugium. Die Männer waren so in ihre Diskussion vertieft, dass sie es kaum bemerkten.

Ich drehte den Hahn der Badewanne auf, schön warm, aber nicht zu heiß. Vorsichtig, Zentimeter für Zentimeter, schob ich das kleine Badezimmerschränkchen, das normalerweise unter dem Waschbecken stand, vor die Tür. Nicht, dass es wirklich jemanden hätte aufhalten können, aber vielleicht schenkte es mir ja doch ein paar Minuten. Die Badewanne war voll, und ich ließ meinen Fuß in das Wasser sinken. Es fühlte sich merkwürdig an, als meine Jeans sich mit dem warmen Wasser vollsaugte. Ungewohnt, aber irgendwie gut; vertraut.

Ich lehnte meinen Hinterkopf an den Badewannenrand

und sah zur Decke hinauf. Als ich das letzte Mal bei meinem Therapeuten gewesen war, hatte er mir einen Ratschlag mit auf den Weg gegeben: Wenn ich noch einmal diese Gedanken hätte, diese nicht enden wollenden Kreise aus Schuldgefühlen und Selbsthass, dann sollte ich mir im Kopf eine Liste machen, mit Argumenten die für das Leben sprachen, und welchen, die dagegen sprachen. Daran versuchte ich mich jetzt zu halten, aber die Pro-Seite blieb ziemlich leer. Ich hatte ihm damals geantwortet, wenn mir mein Leben noch einmal sinnlos erscheinen sollte, könnte ich einfach weggehen und ein neues anfangen, mit dem Fahrrad bis nach China fahren und in Thailand eine Cocktailbar aufmachen.

Wie dumm ich damals gewesen war.

Ich zog das Zwiebelmesser aus dem Hosenbund hervor. Es sah ein bisschen schäbig aus, ließ aber dafür mein Herz schneller schlagen. War es Angst oder Vorfreude? Ich wusste es nicht.

Der große, schwarze Abgrund, der vor mir gähnte, sah in jedem Fall verheißungsvoll aus. Ich drehte mein linkes Handgelenk zu mir und sah noch einmal die feine dünne Narbe an, die noch immer darauf zu sehen war. Damals hatte ich falsch geschnitten und mir dabei die Sehnen durchtrennt. Heute wusste ich, dass man vom Handteller hinauf Richtung Armbeuge schneiden muss, weil es dann schneller geht und man noch das Messer halten kann, um sich auch den anderen Arm vorzunehmen. Außerdem waren die Chancen gut, dass sich die Adern nicht mehr schlossen, wenn man mit den Armen in warmem Wasser war.

Ich atmete tief ein und setzte das Messer auf meine Haut. Es brannte höllisch, aber nicht so schlimm, wie ich es in Erinnerung hatte.

Rote Schlieren tanzten durch das Wasser, und innerhalb weniger Sekunden hatte es sich rosa gefärbt. Ich legte das Messer in meine linke Hand, und versuchte es festzuhalten, aber der Schmerz wurde stärker und es glitt mir aus den Fingern. Das Wasser wurde immer dunkler, und ich verlor jegliche Lust, noch einmal nach dem Messer zu suchen.

Plötzlich bekam ich Angst. Sollte doch noch etwas nach dem Tod kommen war es vielleicht noch schlimmer, als das hier, zumindest, wenn die Sache gerecht ablief. Ich war eigentlich ziemlich sicher, dass da einfach nichts mehr kam, und das Nichts, keine Gefühle, keine Gedanken, keine Scham und Schuld waren für mich ein verheißungsvolles Versprechen. Aber ganz sicher konnte sich da wohl niemand sein. Ich versuchte, die Gedanken zu unterdrücken, denn ich war verführt, die Wunde an meinem Arm wieder zuzudrücken.

Auch die Angst ging, und zurück blieb nur noch Müdigkeit.

Ich schloss die Augen und beobachtete die bunten Schlieren, die an der Innenseite meiner Lider vorbeizogen, bis ich einschlief.

KAPITEL 13

DIE FAMILIE

Ich hatte wieder versagt.

Auch wenn meine Umgebung noch aus abstrakten Farben und Formen bestand, die sich in schwindelerregender Geschwindigkeit veränderten, verriet mir das höllische Brennen meines linken Unterarmes, dass ich am Leben war.

Mein Brustkorb schien so unerträglich schwer, als bestünde er aus massivem Eisen, und Wispern wie von Schatten drang an mein Ohr. Aus dem Wispern schälten sich Worte und kleinere Sätze.

„... Krankenhaus bringen."

„...Wahnsinn ... eigene Schuld."

„... wenn sie stirbt? Dann können wir auch nicht länger hier bleiben."

„Warum nicht?" In meinen Gedanken tauchte das Bild von Steinbach auf.

„Sie hat die Augen aufgemacht!" Das war André.

An meinem Hals spürte ich etwas Warmes. „Der Puls ist einigermaßen stabil", brummte Bär.

Mein Kopf dröhnte, und in meinen Ohren konnte ich mein eigenes Blut hören, das zwar nur zäh rauschte, aber noch immer nicht aufgehört hatte zu fließen.

Aus den Farben formten sich die Gesichter der Hausbesetzer, die neben meinem Bett knieten. Als mein Blick an Marek hängen blieb, musste ich die Augen schließen.

Wenn ich es nur geschafft hätte! Vielleicht wären sie dann geflohen, und hätten Marco und Sebastian in Ruhe gelassen. Wenn es mir noch schlechter gegangen wäre, hätte mich vielleicht jemand ins Krankenhaus gebracht. Jetzt aber stand ich nur da als eine trotzige Göre, von der jeder behaupten würde, es wäre nur ein Schrei nach Aufmerksamkeit gewesen, nichts Ernsthaftes.

Ich hatte mal einen Roman gelesen, in der eine der Figuren sich mit purer Gedankenkraft selbst getötet hatte; leider war es ein Fantasy-Roman. Auch wenn ich es mir vornahm: Mein Herz hörte nicht auf zu schlagen, und es strömte immer weiter Luft in meine Lungen.

Mühsam schob ich meine gesunde Hand herüber zu der anderen; ein Verband verdeckte die Wunde. Ich tastete nach dem Anfang des Verbandes um ihn heimlich weder abzulösen, aber Bär sah es sofort und zog meine Hand unter der Decke hervor.

Am Rande bemerkte ich, dass mir jemand die nassen Klamotten ausgezogen hatte und ich nur noch Unterwäsche trug, aber im Moment war es mir egal.

Mit zusammengekniffenen Lippen machte Bär meine gesunde Hand am Gitterbett fest. „Du musst etwas trinken." Er hielt mir ein Glas an die Lippen, und kippte es vorsichtig an. Man merkte, dass er das nicht zum ersten Mal tat; dennoch rann mir das Wasser am Kinn hinab, und ich konnte nichts schlucken. Er grunzte verärgert. „André, hol einen Strohhalm!"

Meine Lippen bildeten ein lautloses „Nein", aber es kam kein Ton heraus, meine Kehle fühlte sich an wie Raufasertapete.

André öffnete die Zimmertür, und Licht fiel aus dem Wohnzimmer herein; erst jetzt bemerkte ich, dass es draußen dunkel war, und fragte mich, wie lange ich ohnmächtig gewesen war. Das Licht brannte furchtbar in meinen Augen und brachte meine Kopfschmerzen zum Rasen.

In gewisser Weise war ich ein Vampir; halbtot, blutleer, blass und lichtempfindlich.

Vor fünf Jahren, als ich im Krankenhaus aufgewacht war, ging es mir schon wieder gut. Damals hatte man mir so viel Schmerzmittel und Bluttransfusionen gegeben, dass ich fast nichts gespürt hatte. Jetzt musste ich die schmerzhaften Konsequenzen meiner Inkompetenz ertragen.

André brachte einen Strohhalm und ein zweites Wasserglas und reichte beides Bär. Der stellte es auf dem Nachttisch ab und wandte sich an die anderen. „So. Sie ist wach und braucht jetzt Ruhe. Also verzieht euch."

André und Steinbach gingen ohne Wiederworte, aber Marek hockte weiter auf dem Boden, ohne sich zu rühren.

„Das gilt auch für dich. Besonders für dich!", fuhr Bär ihn an.

Marek schüttelte den Kopf. „Ich muss bleiben."

„Gar nichts musst du! Sieh dir das Mädchen an! Sieht sie aus, als wenn sie deinen Anblick gebrauchen könnte?", bellte er.

„Sie braucht jemanden, der sie kennt, und den es interessiert, ob sie lebt oder stirbt!", hielt Marek dagegen.

Ich schloss die Augen, als könnte ich damit den Lärm aussperren, der die Schmerzen noch schlimmer machte.

„Wenn es dich bisher auch nur einen Dreck interessiert hätte, wäre das nicht passiert, oder? Und dann zwingst du sie auch noch, für dich zu lügen. Wenn du ihr auch nur noch ein einziges Mal zu nahe kommst, schieß ich auf den Körperteil, der dir am wichtigsten ist!"

Ich öffnete den Mund, um Marek in Schutz zu nehmen, aber es kam wieder nur ein Fiepen heraus.

Trotzdem hatten beide es gehört und sahen mich nun an. Marek sah mir in die Augen als suchte er darin nach etwas.

Dann wandte er sich ab, und folgte André und Steinbach.

Nur Bär blieb bei mir, und wie er es gesagt hatte, fühlte ich mich besser, als niemand anderes mehr im Zimmer war.

Er hielt mir das Glas mit dem Strohhalm hin. „Du musst trinken. Verdursten ist kein schöner Tod."

Ich nahm den Strohhalm zwischen die Lippen. Das Wasser war köstlicher als alles, was ich je vorher gekostet hatte. Meine Speiseröhre schien die Flüssigkeit aufzusaugen, noch bevor sie meinen Magen erreichen konnte.

Ich hatte erst ein Drittel des Glases geleert, als Bär mir den Strohhalm wegzog. „Nicht so viel auf einmal. Es soll ja drin bleiben." Er stellte das Glas auf den Nachttisch, und mein Blick blieb noch einen Augenblick sehnsüchtig daran hängen. „Kannst du sprechen?", fragte er.

„Ich denke ja", antwortete ich zittrig.

Er funkelte mich halb böse, halb besorgt an. „Warum hast du nichts gesagt? Ich habe doch gesagt, dass ich dir helfen würde."

Ich ließ meinen Blick an ihm vorbei zu den Vorhängen wandern und antwortete nicht.

„Warum hast du mich angelogen? Wenn du es nicht getan hättest, hätte ich diesen Dreckskerl so festgekettet, dass er sich nicht mehr einen Millimeter mehr hätte rühren können."

„Ich habe nicht gelogen", flüsterte ich.

„Warum hast du das dann getan?"

„Ich möchte jetzt schlafen."

„Ich lasse dich gleich schlafen. Aber du musst es mir sagen. Ich habe keine Lust, mich um deine Leiche kümmern zu müssen. Wir sind jetzt schon mehr als eine Woche lang hier, und jetzt gehst du mich auch etwas an. Solange ich hier bin, bleibst du am Leben."

Ich überlegte, was ich ihm sagen könnte, damit er mich

126

in Ruhe ließ, aber die Zahnräder hinter meiner Schädel-platte waren eingerostet. „Das hat nichts mit euch zu tun", log ich.

„Mit Marco und deinem Freund?"

Ich zuckte mit den Schultern.

Er seufzte. „Was machen wir jetzt mit dir? Willst du gern hier bleiben? Oder nach drüben? Soll ich bei dir bleiben, oder jemand anderes?"

„Hier. Allein."

Er fuhr sich mit den Fingern über seine kurzen Haar-stoppel. „Das wird nichts. Nicht allein."

Ich antwortete nicht.

„Dann werde ich hier bleiben." Er stand auf und ging zum Schreibtisch herüber, schnappte sich den Bürostuhl und schob ihn mir gegenüber. Dann ließ er sich darauf niedersinken und zog sich die Kapuze über den Kopf.

Die Situation erinnerte mich schmerzhaft an gestern Nacht, und ich presste meinen verletzten Arm gegen mein Bein, in der Hoffnung, dieser Schmerz wäre der stärkere. Trotzdem schlief ich schnell ein.

Der nächste Tag begann spät. Wenn mein Wecker richtig ging, dann erst um vier Uhr nachmittags. Bär saß noch immer mir gegenüber, und ich vermutete, dass ihm alle Knochen wehtaten. In seiner Hand hielt er meinen zer-kratzten alten Gameboy, in dem Pokèmon steckte.

„Ich hoffe, du hast nicht meinen alten Spielstand ge-löscht." Mein Kopf schmerzte noch immer, und mein Mund fühlte sich noch trockener an als am Tag zuvor. Ich wollte mit meiner gesunden Hand nach dem Wasser-glas greifen, aber ich war noch immer angekettet.

Bär sprang auf, und hielt mir wieder das Glas hin, sodass ich mir vorkam wie ein kleines Kind. Das hatte ich mir selbst zuzuschreiben.

Während ich trank, fragte Bär mich, ob ich ihm jetzt erzählen würde, was geschehen war, gab sich aber mit meinem leisen „Nein" zufrieden.

„Ich werde heute eine Weile lang weg sein", sagte Bär, nachdem ich das Glas leergetrunken hatte.

„Wo?"

„Kann ich dir nicht sagen."

Ich lächelte ihn matt an. „Hast wohl Angst, dass ich die Polizei rufe?"

„Anweisung von oben. Es ist geheim."

„Hat Nicolai deshalb gestern angerufen?"

Bär sah mich starr an.

Ich fügte hinzu: „Steinbach sagte irgendetwas von einem Dienstbotenauftrag." Vielleicht erfuhr ich etwas Nützliches, wovon ich Marco erzählen konnte, falls wir uns in nächster Zeit sehen sollten. Das war ich den beiden schuldig.

„Es ist wohl besser, wenn du bei manchen Dingen nicht so genau hinhörst. Das geht dich nichts an." Bär sah mich finster an. Wenn ich nicht völlig erschlagen und gefesselt im Bett gelegen hätte, hätte er mir Angst gemacht, aber ich wusste, dass er mir in diesem Zustand nichts tun würde.

Ich zuckte mit den Schultern, und die Bewegung schmerzte bis in den Rücken. „Ich muss auf Toilette."

„Ich hole dir eine Schüssel", antwortete er.

Ich sah ihn entsetzt an. „Kommt nicht in Frage!"

Er winkte ab. „Es ist halb so schlimm. Meine Mutter war lange krank, bevor sie gestorben ist, und sie hat sich geweigert, in ein Altenpflegeheim zu gehen. Ich bin das gewohnt."

„Ja, aber ich bin nicht achtzig, sondern Anfang zwanzig. Die paar Schritte werde ich schon noch schaffen."

„Wie du meinst." Er nahm mir die Handschellen ab und beobachtete mit verschränkten Armen, wie ich versuchte, aus dem Bett aufzustehen. Ich schaffte es, meine Beine über den Rand zu hieven, und für eine Sekunde glaubte ich sogar, stehen zu können. Dann war mein Verstand blitzartig wie ausgeschaltet.

Es konnte nicht so viel Zeit vergangen sein. Ich kam im Bett wieder zu mir, und die Zimmerdecke drehte sich über mir wie ein Karussell.

Es dauerte noch mehr als eine halbe Stunde, ehe mein Gleichgewichtssinn aufhörte, mir Streiche zu spielen.

Irgendwann ging Bär, und an seiner Stelle kam André zu mir ins Zimmer.

In seiner Hand hielt er eine Tasse und einen Löffel.

„Ähm, Bär hat gesagt, dass du das hier essen sollst. Ist Brühe. Also, so ein Pulver mit Wasser." Umständlich schob er den Stuhl mit seiner Hüfte dicht neben mich, und heiße Brühe schwappte über seine Hand. Fluchend setzte er sich, ohne die Tasse fallen zu lassen.

Unsicher tauchte er den Löffel in die Brühe und hielt ihn mir vors Gesicht.

Ich sah ihn wortlos an, legte den Kopf schräg und zog eine Augenbraue hoch. „Das schaffe ich selbst."

Die Brühe war wunderbar heiß, und da ich trotz zweier Bettdecken erbärmlich fror, tat mir das wässrige Zeug trotz seines penetranten Plastikgeschmacks ganz gut.

André hielt mir die ganze Zeit die Tasse unter die Nase und beobachtete mich, als würde ich gleich versuchen, mir mit dem Löffel die Augen auszustechen. „Ähm, also, Bär ist ja jetzt weg. Und auf deinen Arm muss noch mal jemand raufgucken."

Ich nahm noch einen Löffel der fürchterlich künstlich schmeckenden Brühe, dann lehnte ich mich zurück und beförderte meinen verbundenen Arm unter der Bettdecke hervor. Die Schmerzen wurden eher schlimmer als schwächer. „Hast du überhaupt Ahnung davon?"

„Ne, deshalb ... " Er wippte nervös auf dem Stuhl. „Das müsste Marek machen. Das ist der Einzige, der ein bisschen Peilung hat."

Ich schluckte, nickte aber.

André ging ins Wohnzimmer, und ich hatte ein paar Minuten um durchzuatmen, bevor Marek kam.

Am besten sagte ich einfach gar nichts. Und sah ihn nicht an.

Ich zuckte zusammen, als die Tür sich öffnete, und blickte stur zum Vorhang.

Marek ließ sich neben dem Bett nieder. Er machte ein merkwürdiges Geräusch, und ich sah doch aus den Augenwinkeln zu ihm. Mein Atem stockte.

Marek weinte.

Ich war unfähig etwas zu sagen, und er machte keine Anstalten, mit mir zu sprechen. Stattdessen entfernte er vorsichtig den Verband, und wir sahen beide auf meinen Arm.

Ich biss die Zähne zusammen, denn der Anblick rief mir die Schmerzen wieder ins Gedächtnis, die ich bisher verdrängt hatte.

Jemand hatte die Wunde unregelmäßig zusammengenäht; an dem Faden klebte verkrustetes Blut, und an einigen Stellen lief rosafarbene Flüssigkeit aus der Wunde.

Marek streifte sich ein paar Gummihandschuhe über und holte eine Flasche neben dem Bett hervor. „Tut mir leid", sagte er matt. „Ich werde es irgendwie desinfizieren müssen. Es wird wahnsinnig wehtun, aber ich kann dir leider kein Schmerzmittel geben. Davon wird das Blut flüssiger, und die Wunde würde wieder aufbrechen."

Ich sah auf die Flasche. Sie war braun und trug ein orangefarbenes Etikett, auf dem „Stroh 80" stand. „Es ist nicht deine Schuld", sagte ich. „Ich wollte das schon lange tun, aber ich dachte, jetzt wäre ein guter Zeitpunkt."

„Ein guter Zeitpunkt?", stieß er hervor.

„Wenn es funktioniert hätte, wärt ihr gegangen und hättet Marco und Sebastian in Ruhe gelassen."

„Dann ist es also doch meine Schuld."

Ich kniff die Lippen zusammen. „Stattdessen mache ich euch jetzt einen Haufen Arbeit. Beim nächsten Mal nehme ich lieber den Föhn mit in die Badewanne."

Marek ließ seine Faust auf den Nachttisch niedersausen, und ich fuhr zusammen.

„Beim nächsten Mal? Du machst keinen Schritt mehr, solange niemand bei dir ist. Warum nur seid ihr immer so gottverdammt egoistisch?" Eine weitere Träne lief sein Gesicht hinab, und ich hatte das Gefühl, bei etwas verdammt Privatem anwesend zu sein, das mich nichts anging.

„Egoistisch?"

„Es ist euch vollkommen egal, was ihr mit den Menschen macht, die in eurer Umgebung sind, was? Hauptsache, ihr habt, was ihr wollt."

„Wer ist ihr?", fragte ich kleinlaut.

Marek sah mich distanziert an. „Mach dich bereit. Wenn ich du wäre, würde ich in ein Kissen beißen, damit du dir nicht aus Versehen die Zuge abbeißt."

Er hielt mir ein kleines Kissen hin, und ich folgte seinem Rat.

Meine Zehen kribbelten vor Angst, und mir wurde noch kälter als zuvor.

Wie in Zeitlupe sah ich, wie Marek die Flasche öffnete und sie langsam über meinem Arm kippte. Mein Arm zuckte, noch bevor ein Tropfen die Wunde berührt hatte.

Der Schmerz war infernalisch.

Rasendes Feuer krallte sich in meinen Unterarm und fraß sich in meinen ganzen Körper. Vor meinen Augen zuckten Blitze, und ich wünschte mir nichts sehnlicher, als in Ohnmacht zu fallen, aber das Schicksal meinte es nicht gut mit mir. Durch das Kissen drangen meine erstickten Schreie, und Tränen rannen mir die Wangen herab.

Ich weiß nicht, wie lange es dauerte, bis ich wieder klar denken konnte, in jedem Fall lange genug, als dass Marek in der Zeit einen neuen Verband um meine Wunden legen konnte.

„Das hast du nur dir selbst zuzuschreiben", sagte er, aber in seinen Worten schwang ein schlechtes Gewissen mit.

„Ich weiß. Ich habe das verdient."

Seine Stimme nahm einen bedrohlichen Klang an. „Tu das nie wieder. Wenn du es noch einmal versuchst, töte ich deine beiden Freunde. Das ist keine leere Drohung."

„Warum?", fragte ich. „Es kann dir egal sein. Sobald ihr hier weg seid, wirst du alles vergessen. Es wird werden wie vorher." Meine Stimme spiegelte seine eigenen Worte, und ich wusste nicht einmal, ob ich es sagte, um ihm wehzutun oder mir selbst.

Ihm konnte mein zynischer Tonfall nicht entgangen sein. „Das ist überhaupt nicht vergleichbar. Du hast einfach noch nie darüber nachgedacht, was du den Menschen in deiner Umgebung antust."

„Wir kennen uns gar nicht", antwortete ich trotzig.

Er hatte aufgehört, sauberen weißen Stoff um meinen Arm zu wickeln. Seine Hände hatten sich zu Fäusten geballt. „Willst du mich kennen lernen? Ich kann dir ja mal etwas erzählen. Erinnerst du dich daran, dass ich gesagt habe, dass meine Mutter Schulden hätte, und ich deshalb hier wäre?"

Ich nickte langsam.

„Gut. Dann erzähle ich dir jetzt, was dazwischen passiert ist. Meine kleine Schwester war nicht einmal drei Jahre alt, als sie meine Mutter fand. Sie lag in ihrem Bett, hatte ein Flasche von dem billigen Aldi-Rotwein getrunken, und ihren Lieblingsfilm angestellt. Oh ja, und, sie hatte sich die Pulsadern aufgeschnitten, genau wie du. Meine Schwester hat wie am Spieß geschrien, und ich wusste nicht, was ich tun sollte. Ich habe die Wunden abgedrückt, wie bei dir. Sie genäht und desinfiziert. Ich konnte keinen Krankenwagen anrufen, weil ich wusste, dass sie uns Elena wegnehmen würden. Ich bin noch zur Schule gegangen, ich weiß nicht, was aus mir geworden wäre. Und das alles hat sie einen Scheiß interessiert. Meine Schwester hat jede Nacht Alpträume, auch das interessiert sie nicht, so wie dich offensichtlich niemand anderes interessiert als du selbst."

Wir schwiegen eine Weile, und er zündete sich eine Zigarette an. Ich wagte mich nicht, ihn ebenfalls nach einer zu fragen. Er hätte mir sowieso keine gegeben.

„Du hast Recht", flüsterte ich schließlich.

„Ich weiß." Marek griff nach meiner anderen Hand und dreht die Handfläche nach oben. Vorsichtig zeichnete er den längst vernarbten Schnitt nach, der heute noch so oft juckte, dass man glauben konnte, die Wunde schrie danach, geöffnet zu werden.

Marek verbrachte die Zeit neben meinem Bett, bis Bär wieder kam. Ich sagte kein Wort, sondern genoss den Schmerz in meinem Arm als die gerechte Strafe, die er war.

KAPITEL 14

DIE HEILUNG

Seit meinem kleinen Ohnmachtsanfall hatte ich tapfer die Zähne zusammengebissen, aber schließlich hielt ich es nicht mehr aus.

Vorsichtig schob ich mich seitwärts und klammerte mich am Bettrahmen fest.

„Was wird das, wenn es fertig ist?", fragte Bär.

„Ich muss jetzt wirklich zur Toilette", antwortete ich zerknirscht.

Bär sah mich genervt an. „Ich habe es dir schon gesagt. In deinem Zustand wirst du keinen einzigen Schritt schaffen. Ich hole dir ne Schüssel. Ich lass dich auch allein, keine Sorge."

„Nein", sagte ich nachdrücklich. Ich griff nach der Heizung, stützte mich vorsichtig darauf ab und stemmte mich in die Höhe.

Wieder verschwamm das Zimmer vor meinen Augen, und mein Herz schlug so gequält, als breite sich in meiner Brust ein schwarzes Loch aus.

„Kara, leg dich sofort wieder hin!" Bärs Stimme klang blechern in meinen Ohren und verzerrte sich, bis ich seine Worte kaum mehr verstand. Ich atmete hektisch ein, in der Hoffnung, die wirren Bildschnipsel meiner Umwelt würden sich von allein wieder sortieren. Stattdessen blickte ich wie durch einen immer länger werdenden Tunnel, bis nur noch Schwärze da war.

Nur langsam kam wieder Farbe in meine Umgebung, und Gefühl in meine Arme und Beine. Ein metallischer

Geschmack lag auf meiner Zunge.

„ … sehr clever von dir. Ist doch klar, dass sie das nicht will."

Die Stimme war ziemlich nah, nur wenige Zentimeter über meinem Kopf. Ich sah nach oben und entdeckte Mareks Gesicht, das sich mir zuwandte. „Geht's wieder?" Ich versuchte, die Lage zu erfassen, und zwar im Speziellen meine Lage im Raum. Ich lag, aber nicht auf dem Bett oder dem Boden, sondern zusammengekauert in Mareks Armen. Das Blut, das sich eben noch geweigert hatte in mein Gehirn zu fließen, ließ jetzt meine Wangen glühen. „Sicher", nuschelte ich. „Ich kann bestimmt schon wieder stehen."

Marek seufzte. „Ich bringe dich."

Der Blick, den Bär uns zuwarf, war eine Mischung aus Misstrauen und Scham, und mir wurde klar, dass ich nichts außer Unterwäsche trug. Ich wandte meinen Blick von ihm ab, was automatisch damit einherging, dass ich mich näher an Mareks Brust schmiegte, was beinahe noch schlimmer war. Ich war sicher, dass mein Professor dies einen Annäherungs-Vermeidungs-Konflikt genannt hätte.

Ohne sichtliche Mühe trug Marek mich aus dem Schlafzimmer und über den Flur, wobei er sich Mühe gab, dass vom Wohnzimmer aus nicht viel mehr zu sehen war als sein Rücken. Am liebsten wäre ich auf der Stelle vor Scham gestorben; dennoch wünschte ich mir zugleich, dass der Weg nie geendet hätte, denn seine Arme waren so warm, dass ich zum ersten Mal seit langem nicht fror. Er setzte mich auf dem Badewannenrand ab, und öffnete den Badezimmerschrank.

„Was wird das?", fragte ich.

Er nahm eine Packung Rasierklingen und meinen Fön

heraus. „Sicherheitsvorkehrung."

Ich schluckte und verschränkte die Arme vor der Brust, während er weiter das Badezimmer inspizierte.

„Frierst du?"

„Nicht mehr als sonst", flüsterte ich, und sah ihm mit Unbehagen dabei zu, wie er in eine Schachtel voller Tampons schaute, als könnte ich darin ein Taschenmesser versteckt haben.

Er blickte auf, und trotz des kränklichen Badezimmerlichtes fielen mir wieder die silbernen Einsprengsel in seinen Augen auf.

Ich senkte hastig den Blick und bemerkte, dass sich auf meinen Armen eine Gänsehaut gebildet hatte.

„Ich hole dir eine Jacke zum Überziehen."

„Nein!", erwiderte ich hastig. „Das hat nichts ...", ich stockte. „ ... mit der Kälte zu tun."

Ich musste nicht aufsehen, um zu wissen, dass er mich musterte; sein Blick drang auch durch meine gesenkten Lider zu einem Ort, an den ich mich nicht einmal selbst wagte.

„Beeil dich. Ich möchte mir keine Sorgen um dich machen müssen", raunte er, und verließ das Bad, ohne sich noch einmal auf dem Regalbrett umzusehen. Hätte er es getan, wäre ihm die Nagelschere aufgefallen. Doch selbst wenn ich sie hätte nehmen wollen: Der Weg kam mir wie eine Reise zum Mond vor.

Nur mit Mühe schaffte ich es überhaupt zur Toilette, und fühlte mich dabei wie eine der uralten Frauen, um die ich mich während meines Sozialpraktikums hatte kümmern müssen. Glücklicherweise lag das Waschbecken direkt neben der Toilette, sodass ich auch das noch schaffte.

Zum zweiten Mal in meinem Leben schwor ich mir, mich nie wieder retten zu lassen, oder besser noch, mich in keine Situation zu bringen, aus der mich jemand retten musste.

Ich wuchtete mich wieder zurück auf den Badewannenrand, und kalter Schweiß rann mir über das Gesicht. Vor meinen Augen rauschten schwarze Pixel vorbei wie auf einem alten Fernseher ohne Empfang, aber ich schaffte es noch, den Toilettendeckel zu schließen und Mareks Namen zu sagen; von Rufen kann vermutlich keine Rede gewesen sein. Sicher wusste ich das nicht, denn ich hörte meine Stimme nur dumpf in meinem Kopf, als verschlössen mir Wachspfropfen die Ohren.

Er musste mich trotzdem gehört haben, denn die Tür öffnete sich, mein Bewusstsein machte einen Kurzurlaub von weniger als einer Sekunde, und schon lag ich wieder schlaff in Mareks Armen. Wahrscheinlich sprach er mit mir, denn sein Brustkorb vibrierte angenehm an meiner Schläfe.

Auf dem Weg zurück sah ich Sebastians Gesicht für einen kurzen Augenblick. Ich konnte schwören, dass es tränenüberströmt war. Ich schloss die Augen.

Später lag ich wieder im Bett, und alles kam mir vollkommen unwirklich vor. Hatte ich vielleicht sogar geträumt? Bär nahm eine Tasse vom Nachttischschrank. „Du musst trinken."

In der Tasse steckte ein Strohhalm, und er hielt sie so dicht vor mich, dass ich daraus trinken musste, ohne wenigstens die Tasse selbst halten zu dürfen. Ich hätte versuchen können, mir ein wenig Autonomie zu erkämpfen, doch ich rechnete mir aus, dass ich mit meiner Sturheit, was die Toilette betraf, seine Geduld schon über Gebühr belastet hatte.

Es war wieder diese Tütenbrühe, und schon wenige Schlucke fühlten sich an wie eine vollständige Mahlzeit.

138

Nachdem er die Tasse wieder abgestellt hatte, rückte er näher und fixierte mich. „Die Schonzeit ist vorbei. Ich will jetzt wissen, weshalb. Und erzähl nicht, du seist zu müde."

„Es hat überhaupt nichts mit dir zu tun. Es ist also egal."

„Hat Marek dich angefasst?"

„Nein."

„Ich kann es sehen, wenn jemand lügt. Warum nimmst du ihn in Schutz? Bedroht er dich?", knurrte Bär.

„Nein!", sagte ich, dieses Mal eindringlicher.

„Sondern?"

Einige Zeit starrten wir uns an, als würden unsere Blicke ein kleines Duell ausfechten, dann senkte ich den Blick.

Bär sog scharf die Luft ein.

Eine Kaskade unterschiedlichster Gefühle prasselte auf mich ein.

Wut auf Bär, weil er sich heraushalten sollte.

Angst.

Selbstekel.

Scham.

Wenn ich gekonnte hätte, hätte ich einen erneuten Versuch gestartet, meiner jämmerlichen Existenz ein Ende zu setzen.

Bär sagte einfach gar nichts. Minutenlang.

Die Gefühle wurden schwächer, ohne, dass irgendjemand etwas getan oder gesagt hatte. Mit einem Mal war es nicht mehr so schwer auszuhalten.

Ich wagte, Bär wieder einen Blick zuzuwerfen, und konnte gerade noch sehen, wie er eine missbilligende Miene verbarg. „Wir werden nicht ewig hier bleiben. Irgendwann sind wir wieder weg."

Er ließ offen, was ich bei seinen Worten fühlen sollte: Erleichterung, dass Marco, Sebastian und ich in ein normales Leben zurückkehren konnten, oder etwas anderes.

Es kehrte Ruhe an meinem Krankenbett ein. Bär leistete mir tagsüber Gesellschaft, Marek saß nachts bei mir und las mir vor, bis ich schlief, und auch André kam manchmal vorbei. Steinbach ließ sich seltener blicken – nicht, dass ich ihn vermisst hätte. Ich erinnerte mich an die ersten Tage und Stunden hier, in denen mir Bär, André und Marek wie Monster vorgekommen waren. Ich hatte mich vor ihnen gefürchtet, und sie hatten alles getan, um dieses Gefühl zu verstärken. Wann hatte es angefangen, dass aus Geiselnehmern Menschen geworden waren? Hatten sie sich verändert? Oder ich mich?

Marek sorgte für Ausgeglichenheit unter den Männern. Nachdem Bär seinen Verdacht zerstreut hatte, akzeptierten ihn auch die anderen wieder.

Langsam kehrte meine Kraft zurück, und die Wege zur Toilette schaffte ich, wenn ich mich bei jemandem einhaken konnte. Angenehm waren sie trotzdem nicht, denn sie erinnerten mich jedes Mal daran, dass Marco und Sebastian angekettet im Wohnzimmer saßen, weil sie Geiseln waren. Und nicht nur sie; genau genommen war auch ich eine. Aber die ständige Angst und Ungewissheit, der Wunsch zu fliehen, selbst der Hass auf Steinbach zerrannen wie Wasser zwischen den Handflächen. Und hätte ich nicht von Zeit zu Zeit Sebastian und Marco gesehen, hätte ich die täglichen Partien Mensch ärgere dich nicht und die gemeinsamen Mahlzeiten als Alltag erleben können. Das Dosenfutter, dass Marek unbedingt hatte mitnehmen wollen, um nicht noch einmal einkaufen zu müssen, leistete den Männern jetzt wertvolle Dienste, und Nudelsuppe, Ravioli und Linsen konnte ich schnell wieder essen.

Das Leben aller schien sich aus dem Wohnzimmer in das Schlafzimmer zu verlegen. Die beiden Jungs wurden ständig von einem aus der Gruppe bewacht, meistens Steinbach, die anderen mieden jedoch den Raum, so gut es ging. Sogar der Fernseher und Andrés Playstation wurde nach drüben geschleppt und der Fußboden mit Luftmatratzen und Decken ausgelegt.

Mein Zustand besserte sich zusehends, als ich begann, wieder feste Nahrung zu mir zu nehmen. Allerdings wagte ich nicht, nach außen zu zeigen, dass es mir gut ging. Zu groß war meine Angst, alles könnte werden wie vorher, und schon bald könnte ich gefesselt neben Marco und Sebastian sitzen. Allein an die beiden zu denken sorgte dafür, dass sich meine Eingeweide zu einem schmerzhaften Knoten zusammenzogen.

Wie Geister werden die kahlen Bäume von vorüberfahrenden Scheinwerfern bestrahlt, deren nackte Äste wie gefrorene Blitze in den Himmel ragen. Das Auto fährt zügig über die verlassene Landstraße, auf der zu so später Stunde niemand mehr unterwegs ist außer einem verschlafen aussehendem Mann mittleren Alters auf dem Beifahrersitz und einem jungen Mädchen, das zu stark geschminkt ist und zu große Ohrringe trägt.

„Ich meine – was denkt dieser Typ sich eigentlich?" Das Mädchen gestikuliert wild mit der einen Hand und würde am liebsten die zweite auch noch vom Lenkrad nehmen, um ihrem Ärger Ausdruck zu verleihen. „Das war einfach nur gemein von ihm, wie er mit Bettina umgesprungen ist."

Das leise Rauschen von Fahrtwind, der sich an Bäumen bricht, ist monoton, das Radio so leise, dass man kaum etwas verstehen kann außer leisem Gesäusel. Der Mann auf dem Beifahrersitz gähnt.

„Wenn der meint, er muss mit ihr Schluss machen, dann bitte. Aber doch nicht auf diese Art!" Noch immer ist das Mädchen wütend. So wütend, dass sie nicht die in der Ferne gespenstisch aufblitzenden Augen sieht. Erst, als man schon die Anzahl der

141

Verästelungen des Geweihs zählen kann, kreischt sie panisch auf.
Sie tritt auf die Bremse. Reißt das Lenkrad herum. Statt des Hir-
sches rast nun ein Baum auf das Auto zu.
Mit dämonischem Kreischen reißt und dehnt sich Metall, zersplittert
Glas, zerbirst Plastik. Vollkommen geräuschlos schneidet Stahl
durch Haut und zermalmt Knochen. Flammen und Rauch hüllen
das Auto ein, und in der Luft liegt der Geruch von brennendem
Fleisch.
Der Hirsch hat all das eine Weile beobachtet, bevor er langsam, bei-
nahe gemächlich, im selben Moment zwischen den Bäumen ver-
schwindet, als der Schrei eines Mädchens die Nachtluft durchdringt.

Über mir schwebte Mareks Gesicht. Die Hitze, das Blut
und der Hirsch waren verschwunden. Seine Hand erstickte meinen Schrei.

„Es war nur ein Traum, und jetzt bist du wach. Ich wollte
nicht, dass du die anderen weckst. Du hast angefangen
zu schreien." Er zog die Hand zurück und setzte sich auf
die Bettkante, und ich wischte mir mit der Hand, die nicht
gefesselt war, den Schweiß von meiner Stirn. „Okay",
flüsterte ich. „Es ist alles wieder in Ordnung. Es geht mir
gut."

„Bist du sicher?"

Ich richtete mich auf, und lächelte ihn schwach an. „Na
klar. Nur ein bescheuerter Alptraum." Mareks Anwesenheit und der gleichmäßige Rhythmus von Bärs Schnarchen beruhigten mich, mein Herzschlag wurde langsamer
und allmählich gleichmäßiger.

„Du scheinst ziemlich oft bescheuerte Alpträume zu
haben. Es ist nicht das erste Mal, dass ich sehe, wie du
dich im Bett herumwälzt und stöhnst."

Ich hatte einige Mühe, ein Grinsen zu unterdrücken.
Bevor ich darüber nachdachte, rutschte mir heraus: „Ja,

ich weiß." Hastig fügte ich hinzu: „Ich meine: Ich habe schon seit Jahren Alpträume."

Auf seine Lippen stahl sich ein kleines Lächeln. „Als ich die Worte in meinem Kopf formuliert habe, klangen sie sehr viel weniger zweideutig." Ich hätte schwören können, dass sich seine Finger näher an meine schoben, aber noch bevor ich auf die Bewegung reagieren konnte, hatte er sie schon wieder zurückgezogen. „Erzähl mir, was du träumst."

Ich zuckte mit den Schultern. „Das Übliche. Ich bin eben ein Psychowrack."

„Was ist denn das Übliche?"

Ich kniff die Lippen zusammen. Es ärgerte mich, dass er so hartnäckig war. „Monster, Mörder, Messer, halt irgendeinen Quatsch."

Sein Blick wurde so schneidend, dass ich es kaum wagte, mich zu rühren. „Habe ich dir schon mal gesagt, was für eine hundsmiserable Lügnerin du bist?"

„Es ist schlimm genug, dass ich mich im Schlaf mit diesem Mist herumschlagen muss. Warum musst du dann jetzt noch in der Wunde herumstochern?", giftete ich ihn an.

„Wenn noch etwas in der Wunde steckt, muss man sie manchmal aufschneiden, damit sie danach richtig heilen kann", erwiderte er ruhig.

„Ach, und du bist jetzt mein Seelenklempner, ja?", schnappte ich. „Ich schätze, du bist einfach nur neugierig!"

Marek sah mich eisig an.

Mir fielen die Dinge ein, die er mir erzählt hatte, von seiner Schwester, seiner Mutter, wie er auf die schiefe Bahn geraten war. Ich hatte kein Recht, ihn auch noch als neugierig zu bezeichnen.

Marek stand auf.

„Ich ... es tut mir leid." Ich wollte nach seiner Hand greifen, aber meine Handschellen hinderten mich daran, und nur ein leises Klirren ließ ihn aufblicken. „Ich habe das nur gesagt, weil ich nicht darüber reden will. Das war falsch von mir."

Marek sah unschlüssig aus, setzte sich dann aber wieder.

„Es ist fünf Jahre her. Ich hatte einen Autounfall. Davon träume ich." Jeder einzelne Satz schien auf meinen Lippen zu brennen.

„Ich wollte von der Geburtstagsfeier meiner Freundin nach Hause. Aber ich hatte nur diesen vorläufigen Führerschein. Den, mit dem man nur fahren darf, wenn die Eltern dabei sind. Also musste mein Vater abends kommen, um mich abzuholen. Es war schon wahnsinnig spät, und ich war zum Umfallen müde, aber ich wollte unbedingt selber fahren."

Ich wünschte, Marek würde irgendetwas sagen, damit ich nicht weitersprechen musste. Doch er schwieg.

„Auf der Straße stand ein Hirsch. Ich kann mich nicht daran erinnern, je so ein großes Tier gesehen zu haben. Er hat sich nicht ein Stück bewegt, und ich dachte, ich müsste ausweichen. Ich habe noch nicht einmal richtig gebremst, als der Baum dann auf mich zuraste. Ich war sicher, dass ich sterben würde. Aber mir ist nichts passiert. Rein gar nichts."

Mein Blick sank auf die Bettdecke, wo Mareks Hände sich nun doch in meine verschränkt hatten.

„Ist dein Vater ...?"

„Ich habe ihn umgebracht, ja." Meine Augen schmerzten, und ich musste mich daran erinnern, zu blinzeln.

„Das hast du nicht. Es war ein Unfall."

„Natürlich habe ich das", hauchte ich. „Ich hätte nicht so

spät fahren dürfen. Ich hätte ihn fahren lassen müssen. Ich hätte nicht mal zu dieser bescheuerten Party gehen sollen, oder wenigstens bremsen können: Alles Fehlentscheidungen, und jede hat zu seinem Tod geführt. Alle haben das Gleiche gesagt wie du, dass ich mir keine Vorwürfe machen soll und diesen ganzen Scheiß. Aber meine Mutter wusste, dass ich schuldig war. Ich konnte es in ihren Augen erkennen, dass sie die Wahrheit wusste, und auch bei den anderen … Nichts als leere Worte." Meine Stimme hörte sich furchtbar weit entfernt an, als wäre das gar nicht wirklich ich, die da sprach.

Wie aus weiter Ferne konnte ich sehen, wie Marek ein blasses, dünnes Mädchen in den Arm nahm, das stocksteif dasaß, ohne zu blinzeln. Er flüsterte etwas in ihr Ohr, das bis zu mir zu hören war. „Hast du geweint?"

Wie an einem Gummiband schnellte ich zurück an Ort und Stelle. Jetzt war wieder ich das blasse, dünne Mädchen, und ich blinzelte. „Was?"

„Hast du geweint, als er tot war?"

„Nein", antwortete ich. „Ich habe die ganze Zeit nur an Mama gedacht. Ich habe nicht mal … " Ich hob meine Hand, und strich mir über das Gesicht.

Eine einzelne Träne glitzerte auf der Kuppe meines Zeigefingers.

KAPITEL 15

ES LEBE DER KÖNIG

Es tat gut, Mareks Wärme zu spüren. Ich war unendlich froh, dass Bär und André so fest zu schlafen schienen, als hätte Marek dieses Mal ihnen Betäubungsmittel ins Bier gemischt. Einen Augenblick lang überlegte ich, ob er das tatsächlich getan haben könnte, aber – warum sollte er?

Ich schmiegte mich enger an ihn und war froh, wenigstens in dieser Nacht nicht alleine in dem Doppelbett schlafen zu müssen. Oder viel mehr liegen zu müssen, denn seit unserem Gespräch hatte ich kein Auge mehr zugetan.

Die Alpträume verfolgten mich, seit der Unfall geschehen war und mehr als einmal war ich mitten in der Nacht schweißgebadet aufgewacht. Aber nie hatte Sebastian mich danach gefragt, obwohl ich so häufig gespürt hatte, dass auch er nicht hatte schlafen können. Wir hatten nicht einmal über den Unfall gesprochen, und ich war froh darüber gewesen. Aber jetzt, nachdem Marek mich dazu gezwungen hatte, wieder daran zu denken, fühlte ich mich freier.

Zuvor hatte ich das Gefühl, zähes, schwarzes Kaugummi habe mir die Lungen verklebt. Erst jetzt konnte ich wieder richtig atmen.

Ich drückte seinen Arm fester an mich und lehnte meine Wange an seine Handfläche.

„Geht es dir besser?", flüsterte er in mein Haar.

Ich drehte mich zu ihm und konnte sehen, wie die Konturen seines Gesichtes sich schwarz vor dem Dunkelgrau der Nacht abhoben.

„Ja", flüsterte ich, so nahe, dass er meinen Atem auf seinem Hals spüren musste. „Ich weiß nicht, ob ich all das ohne dich durchstehen würde."

„Sag das nicht." Er rückte ein wenig von mir weg. „Ohne mich wärst du gar nicht in dieser Situation. Ich war es, der dieses Haus als Unterschlupf ausgesucht hat."

„Ich bin mittlerweile froh darüber. Vielleicht war es ja wenigstens dazu gut, dass wir uns kennen lernen." Ich streckte meine Hand aus, und wollte sein Gesicht berühren, aber Marek ergriff mein Handgelenk. „Nicht. Es würde dir später leidtun."

Ich schüttelte den Kopf. „Ich glaube nicht."

„Kara", seine Stimme wurde eindrücklich. „Was du glaubst zu fühlen, ist nicht echt."

Ich ließ die Hand sinken. „Ist das dein Ernst?"

„Mach es mir bitte nicht so schwer. Es wäre so leicht, die Situation auszunutzen. Das ist eine psychologische Schutzfunktion, damit du mit all dem hier klarkommst. Aber wenn ich das ausnutzen würde – dann würde ich mich fühlen wie das letzte Arschloch. Und du würdest das Gleiche tun wie letztes Mal."

Ich fühlte mich, als hätte er mich ins Gesicht geschlagen. „Glaubst du wirklich, dass ich nicht selbst beurteilen kann, was ich fühle?"

Sein Griff an meinem Handgelenk wurde weicher, beinahe beschwichtigend. „Es fühlt sich für dich nur echt an. Wenn wir uns da draußen getroffen hätten, hättest du mich vielleicht nicht einmal gemocht."

„Selbst wenn es an der Situation liegen würde und nur eine ... Schutzfunktion wäre. Wären meine Gefühle dann weniger echt? Hier? Jetzt?" Ich drehte meine Hand, sodass sich sein Griff löste und ich seine Finger mit meinen verschränken konnte.

„Kara, bitte ... "

Ich tat nichts, außer dem Geräusch seines Atems zu lauschen, hinter dem jedes andere Geräusch zurücktrat.

Dann, endlich, fühlte ich seine Lippen auf meinen und wie seine Arme sich so fest um mich legten als wolle er meinen Körper zu einem Teil von seinem machen.

Einen Augenblick lang erlaubte ich mir, mich meinen Instinkten und damit seinem Kuss hinzugeben. Dann warf ich einen Blick über meine Schulter, wo noch immer Bär und André schliefen und sich anscheinend keinen Millimeter bewegt hatten.

Mein Herz holperte unangenehm, bei dem Gedanken, einer von beiden könne uns beobachtet haben.

„Vergiss sie", flüsterte Marek und seine Lippen fuhren meinen Hals hinauf bis hinter mein Ohr, wo viel zu viele Nervenenden auf einem Fleck zu sein schienen.

Ich blinzelte hastig und versuchte, meine Gedanken auf das zu konzentrieren, was meinem Verstand am wichtigsten erschien. „Wenn sie aufwachen?"

Er schnaubte leise. „Die schlafen tiefer, als du denkst."

Meine Gedanken sprangen zu dem Valium, das Marek Steinbach in sein Bier mischte. „Warum?", fragte ich.

Ich konnte das Grinsen in seiner Stimme hören. „Vielleicht bin ich ja doch ein Arschloch?"

Seine Hände wanderten unter das T-Shirt, das ich mittlerweile beim Schlafen trug, und fuhren mit unerträglicher Sanftheit über meine Brüste. Ein Schauer lief über meine Haut, und ich fühlte, wie sich meine Brustwarzen aufrichteten.

Bär wälzte sich unter seiner Decke herum, und mein Puls

schnellte in unbekannte Höhen. Ein Grinsen stahl sich auf meine Züge, dass ich selbst nicht so recht verstehen konnte. Schnell und leise zog ich Marek sein T-Shirt über den Kopf und ließ meine Hand hinab bis in seine Hose gleiten. Er zog mich näher an sich und genoss mit geschlossenen Augen, wie ich ihn massierte. „Ist eigentlich die Tür abgeschlossen?", flüsterte ich.

Er murmelte etwas Unverständliches, das ich als „Nein, scheiß drauf" interpretierte. Bevor ich etwas erwidern konnte, hatte er mich auf den Rücken gedreht und mein T-Shirt über die Brüste geschoben.

Die Bettdecke rutschte ihm über die Schultern, und ich tat nichts, um sie daran zu hindern. Mein Blick huschte hektisch zwischen der Zimmertür, den beiden Schlafenden auf dem Fußboden und Marek hin und her. Jede einzelne Faser meines Körpers fühlte sich zum Zerreißen gespannt an, und ich war nicht sicher, ob es an Angst oder Erregung lag. Das Gefühl erinnerte mich daran, auf dem Dach eines Hochhauses zu stehen, und hinabzublicken, während in mir die Frage größer wurde, wie es wohl wäre zu fallen. Bis schließlich der Wunsch, es herauszufinden, so groß wurde, als singe der Abgrund ein betörendes Lied, dem man kaum widerstehen konnte.

Ich biss mir auf die Unterlippe, um zu verhindern, dass ich unnötig verräterische Geräusche machte. Trotz all dem wollte ich es. Ich wollte ihn, mehr als alles andere. Ja, es stimmte ganz eindeutig etwas nicht mit mir. Aber war das tatsächlich wichtig, wenn es sich so gut anfühlte? Ich zog Mareks Gesicht zu mir heran und küsste ihn, während er meine Hose auszog. Mein ganzer Körper schien in Flammen zu stehen, und seine Hände schienen überall gleichzeitig auf meinem Körper zu sein.

Dann öffnete sich die Tür.

Ich verkrampfte mich so sehr, dass sich meine Fingernägel in Mareks Haut bohrten.

Steinbach stand in der Tür.

Ich konnte nichts anderes tun, als ihn entsetzt anzustarren.

Mit wenigen Schritten stand er neben dem Bett und packte mich am Unterarm. „So spielen wir also, ja?"

Marek wollte eingreifen, aber Steinbach richtete eine Pistole auf ihn. „Schluss damit. Der kleinen Lady geht es ja scheinbar wieder gut genug, es wird also Zeit, sie wieder dahin zu bringen, wo sie hingehört." Er sah mich hasserfüllt an. „Du hältst dich wohl für besonders clever, was? Glaubst, du könntest hier was für dich rausholen, was dir nicht zusteht und die anderen manipulieren." Er riss an meinem Arm, und zog mich hinter sich her.

Ich trug nur das T-Shirt, das gerade so die Hälfte meines Hinterns bedeckte.

Aber weder Marek noch ich konnten etwas tun.

Steinbach zerrte mich ins Wohnzimmer, wo Marco und Sebastian verschlafen aufschreckten. Sebastians Augen weiteten sich, als er mich sah. Ich versuchte, mit meiner freien Hand mein Shirt hinunterzuziehen, aber das gelang eher schlecht als recht.

Mit einer geübten Handbewegung kettete Steinbach mich neben die zwei. Ich drückte meine Oberschenkel zusammen und sah ängstlich zu Steinbach auf.

Der blickte mich mit finsterer Befriedigung an und setzte sich in eine Ecke, mit ungehindertem Blick auf uns.

Eine Zeit lang senkte sich Stille über das Wohnzimmer, bis allen klar war, dass nichts Unvorhergesehenes mehr passieren würde.

Dann presste Sebastian zwischen den Zähnen hervor: „War er das? Steinbach?"

Einen Augenblick nur starrte ich ins Leere und überlegte, ob es sinnvoll war, ihn anzulügen. Marco nahm mir die Entscheidung ab. „Nein. Marek."

Ich fühlte Sebastians Hand an meinem Handgelenk, an derselben Stelle, an der noch eben Steinbachs gelegen hatte. Nur, dass Sebastian noch fester zupackte und mich so zwang ihn anzusehen. Seine Augen waren weit aufgerissen, und ich hatte Angst, er könne mich jeden Augenblick schlagen. „Was läuft hier? Was hast du da drüben gemacht?"

„Ich … " die Worte blieben mir im Hals stecken, und mein Blick huschte ängstlich über sein wutverzerrtes Gesicht.

„Du verdammte Nutte." Sebastian ließ mich los.

Aus der Ecke konnte ich Steinbach leise lachen hören. Mein Gesicht fror ein, und meine Gedanken klärten sich.

„Ist mir scheißegal was du denkst."

Ich lehnte mich zurück, versuchte, eine bequeme und gleichzeitig einigermaßen züchtige Sitzposition einzunehmen und wartete darauf, dass endlich alles vorbei war.

Der Erste, der morgens kam, war Bär. Sein Gesicht war so verquollen, als habe er die ganze Nacht nicht geschlafen. Sein Blick blieb erst an mir, dann an Marcos und Sebastians Gesichtern hängen. Ohne etwas zu fragen holte er Kleidung für mich aus dem Schlafzimmer und brachte mich zum Bad, wobei er vermied genau hinzusehen. Damit war er der Einzige, der mir diese Gnade gönnte, denn ich fühlte die Blicke aller auf meinen unbedeckten Körperteilen.

Nachdem ich mich angezogen und meine gesamte Restwürde zusammengekratzt hatte, verließ ich das Bad, wo Bär auf mich wartete. „Kannst du mir erklären, wie das deiner Meinung nach enden soll?"

Ich sah ihn entschlossen an. „Ich werde mit euch kommen. Ich kann nicht hier bleiben."

„Nein, Kara. Das wirst du nicht. Selbst wenn ich dich zu einem Paket zusammenschnüren muss, du wirst dich nicht wegen einer flüchtigen Verliebtheit in Lebensgefahr bringen."

Ich antwortete nicht, sondern ging an ihm vorbei in die Küche, wo ich mich damit ablenkte, Frühstück für alle zuzubereiten.

Nach und nach kamen André und Marek dazu. Marek warf mir einen kurzen, eindringlichen Blick zu, und ich deutete ein Kopfschütteln an.

Wir frühstückten schweigend, und lediglich das Motorenkreischen der Formel-1-Wagen aus dem Fernseher begleitete das Klappern von Tassen und Tellern.

Als ich abgeräumt hatte, bedeutete Steinbach mir mit einem Wink seiner Pistole, mich wieder neben Marco und Sebastian ketten zu lassen.

„Steinbach", sagte Marek. „Lass es. Das ist doch Schwachsinn."

„Das hättest du wohl gerne, was? Dass deine kleine Hure die ganze Zeit für dich verfügbar ist! Vergiss es!"

Bär schüttelte den Kopf. „Was soll das? Sie wird nicht abhauen, und auch keine Dummheiten anstellen."

Steinbach lachte höhnisch auf. „Ach, du auch, ja? Macht sie für dich auch die Beine breit?"

Ich sog scharf Luft ein, und Marek machte einen Schritt auf Steinbach zu. Der hielt die Pistole vor sich und grinste. „Ihr lasst euch alle von der kleinen Schlampe manipulieren. Ich bin hier der Einzige, der noch einen klaren Kopf hat."

Bär suchte seinen Hosenbund ab, und wieder schaltete sich Steinbach ein.

„Gib dir keine Mühe. Ich habe die zweite Knarre in Verwahrung genommen. Du hast tief geschlafen gestern

Nacht." Sein Blick blieb an mir kleben. „Ab sofort läuft hier alles so, wie ich es will."

KAPITEL 16

EINDRINGLINGE

Zuerst holte er mein rotes Nachthemd wieder aus den Tiefen der Kleiderberge, die sich mittlerweile in der Wohnung angehäuft hatten. Dieses Mal hatte ich kein Steakmesser bei mir.

Sebastians Gesichtsausdruck schwankte zwischen Mitleid und Genugtuung, während ich mich umziehen musste. Ich versuchte mir einzureden, es sei nicht so schlimm, nachdem ich gestern fast die ganze Nach halbnackt hatte verbringen müssen. Dennoch hatte dieses Ritual etwas noch Demütigenderes an sich; nicht einmal Marco und Bär gönnten mir ein gnädiges Beiseiteschauen. Außerdem musste ich hochhackige Schuhe tragen und durfte erst essen, wenn alle anderen fertig waren: die Reste, die sie mir übrig ließen. Es hätte mich nicht gewundert, hätte Steinbach mich gezwungen, mich auf allen Vieren durch die Wohnung zu bewegen. Meine Wahrnehmung, die meiner Umwelt und die meiner selbst, wurde dumpf wie ein Stück Kreide, das auf der Zunge lag. Ich stellte mir vor, weit weg zu sein, und einige Momente schienen gar nicht erst bis zu meinem Gedächtnis durchzudringen, sodass die Erinnerung an meinen Tagesablauf immer größere Lücken aufwies.

Ich konnte mir nicht erklären, was Steinbach überhaupt so lange aufhielt, denn in mir wurde die Angst zu einer nahezu unumstößlichen Gewissheit, dass, wenn er und die anderen noch lange blieben, er mich irgendwann vergewaltigen würde.

Ich war nicht mehr sicher, ob ich all dies Steinbachs Abscheulichkeit zu verdanken hatte, oder ob ich vielmehr die Strafe empfing, die mir zustand. In mir war zwar ein trotziger Wille, der felsenfest behauptete, ich habe das Recht mich zu verlieben, wann und in wen es allein mir gefiel, aber das waren nichts als stumme Lippenbekenntnisse. Zweifel blühten in den Rissen dieses Lügengemäuers. Wenn selbst Marek mir sagte, dass all das nicht echt, sondern nichts weiter als eine psychische Krankheit sei, wie konnte ich dann von irgendjemandem Verständnis erhoffen? Und wie auch immer sich meine Gefühle entwickelten, Sebastians schmaler werdendes Gesicht erzählte nicht die Geschichte einer Trennung, sondern die eines Verrates.

Lediglich mein Versprechen an Marek hinderte mich daran, endlich zu Ende zu bringen, was ich schon zweimal begonnen hatte.

Hatten bisher Sebastian, Marco und ich in Gefangenschaft gelebt, schien dasselbe nun auch für Marek, Bär und André zu gelten. Jetzt waren wir alle mehr oder weniger Geiseln von Steinbachs Willkür, auch wenn das für meine drei neuesten Mitbewohner nur unterschwellig galt. Die Atemluft war erfüllt mit dem unausgesprochenen Ruf nach Meuterei, aber die Enge und ständige Anwesenheit Steinbachs erstickten unsere Stimmen und ließen nur hasserfüllte Blicke zu. Er wiederum ignorierte sie, vielleicht bemerkte er sie auch tatsächlich nicht. Er suhlte sich vor dem Fernseher wie eine fette Made, und ich begann zu fantasieren, wie glücklich wir alle wären, wenn nur er nicht da wäre.

Die wenigen freien Minuten dieser Gefangenschaft schenkte mir Marek, mit dem ich dann und wann einen Blick austauschen konnte, unbemerkt von den anderen, damit sich niemand provoziert fühlte. Ich war sicher, dass er und Bär absichtlich weniger aßen, damit mehr für mich übrig blieb, und hin und wieder lächelte Bär verzeihend, als wolle er mir sagen, dass es bald vorbei sein würde.

Das kleine Handy, das Marek immer bei sich trug, wurde zu einem Objekt größten Hoffens und größter Verzweiflung. Jeden Tag konnte Nicolai anrufen und endlich verkünden, dass der Austausch „Geld gegen kleine Schwester" bald stattfand und so dafür sorgen, dass ich Steinbach nie wiedersehen musste. Dass ich Marek nie wiedersehen konnte. Ich fragte mich, welche Deals die anderen Bankräuber mit Nicolai hatten, denn niemand beklagte sich, und ich konnte nur erahnen, dass auch sie auf etwas warteten. Ich konnte es nicht erwarten, Steinbach loszuwerden, und gleichzeitig sog mich die Frage nach dem Sinn meines Daseins ohne Marek in ein finsteres Loch. Wenn wir nur wenigstens die letzten Tage, vielleicht Stunden gemeinsam hätten verbringen können! Ich sehnte mich danach, die Hand nach ihm auszustrecken und die weiche Haut in seinem Nacken zu berühren, ihn nah genug bei mir zu haben, dass ich dem beruhigenden Rhythmus seines Atems lauschen konnte, wenn ich einschlief. Aber zwischen uns thronte Steinbach wie ein finsteres Versprechen, sodass Marek ebenso gut in einem Paralleluniversum hätte leben können, ohne von meiner Existenz auch nur zu ahnen.

Die Lücken in meinem Gedächtnis machten es schwer, die Zeit abzuschätzen, in der uns alle dieser Kokon des Schweigens einhüllte. Eines Abends jedoch riss uns alle ein Geräusch aus dieser Starre, mit dem keiner ernsthaft gerechnet hatte.

Polizeisirenen.

Mein ganzer Körper schien zu vibrieren, und je stärker

meine Muskeln, Sehnen und Neuronen im Zentrum eines elektrischen Kreuzfeuers zu stehen schienen, desto leerer wurde mein Kopf. Noch waren die Sirenen weit entfernt, schienen aber mit jedem Herzschlag näher zu kommen – nur um unvermittelt zu verstummen. Steinbach stellte den Fernseher hastig auf „lautlos", und spähte zwischen den Gardinen hindurch. Doch ohne hinauszugehen konnte er nichts sehen. „Bär!", zischte er. „Geh raus und schau nach, was los ist." Er trat neben mich und löste zu meiner Überraschung meine Handschellen von der Heizung, zog mich zum Flur herüber und platzierte uns gut sichtbar vor der Haustür. Ich spürte die Waffe an meiner Schläfe, und seine kaltschweißige zweite Hand, die mich umklammert hielt.

„Sie wollten sicher woanders hin – vielleicht gab es auf der Landstraße einen Unfall", flüsterte ich mit heiserer Stimme. Wenn die Polizei jetzt kam, würde es Tote geben. Vielleicht wäre auch Marek unter ihnen.

Die Stille der Sirenen machte es nur noch schlimmer. Die Polizeiwagen könnten schon längst abgedreht haben – oder jeden Augenblick vor der Haustür stehen. Meine Hände zitterten, und ich hatte das Gefühl, keine Luft mehr zu bekommen. Steinbachs Griff wurde fester, aber die Schmerzen, die ich hätte empfinden müssen, waren einem dumpfen Entsetzen gewichen.

Marek, Bär und André wichen in die Küche zurück, wo man sie von der Haustür aus nicht sehen konnte.

Ich wollte zu ihnen herübersehen, aber die Pistole drückte sich zu fest an die weiche Haut an meiner Schläfe, sodass ich wie durch einen langen Tunnel nichts anderes wahrnehmen konnte als die Haustür, die sich jeden Moment zu öffnen drohte.

Die Minuten verstrichen. Kein Wagen hielt auf dem

Parkplatz.

Die Tür war noch immer geschlossen.

Nichts regte sich.

Die Sekunden wurden länger und länger, aber im Haus blieb alles reglos. Nach Stunden, Tagen, Wochen wie mir schien, löste sich Steinbachs Griff, und erst jetzt spürte ich den Schmerz, wo sich seine Finger in das Fleisch meines Oberarms gebohrt hatten. Ich wagte es, einen unsicheren Schritt nach vorne zu machen und taumelte in Mareks Richtung, ließ mich in seine Arme sinken, ohne darüber nachzudenken.

Mit aller Gewalt brachen Tränen aus mir heraus und ich schluchzte so laut, dass ich mir selbst den Mund zuhielt.

„Wir müssen hier weg", sagte ich heiser.

Niemand antwortete.

Ich sah Marek an und machte mir nicht mal die Mühe, vernünftig oder logisch zu klingen. „Was ist, wenn sie sich geirrt haben? Wenn sie zurückkommen? Es ist zu gefährlich, bitte ..."

Ich fühlte die Blicke aller auf mir und konnte in Mareks Augen eine Mischung aus Schmerz und Entsetzen sehen, die mich erschütterte.

„Sie hat recht", antwortete Steinbach ängstlich. „Wir können nicht länger hierbleiben. Wir hätten schon längst gehen sollen."

„Aber wir können jetzt noch nicht gehen!", warf Bär ein. „Marek, was ist mit deiner Schwester? Oder mit deiner Mutter, André? Wenn wir jetzt kopflos flüchten, seht ihr sie nie wieder. Das wäre vollkommen wahnsinnig."

„Stimmt", sagte Steinbach. „Wir reden mit Nicolai, sagen ihm, dass wir zu ihm kommen. Morgen Nacht verschwinden wir."

Einen Augenblick lang wusste niemand, was er tun sollte.

Wie festgefroren klebten sie an ihren Plätzen. Dann setzten sich die Hausbesetzer in Bewegung und begannen, hektisch ihre Sachen zusammenzusuchen. Überall lagen die Zeichen ihrer Anwesenheit verstreut, und ich hatte mich schon so sehr an den Anblick gewöhnt, dass es mir vorkam, als plünderten sie die Wohnung, obwohl alles nur den Zustand annahm, den es vorher gehabt hatte.

Ich stand in der Mitte des Wohnzimmers. Um mich herum herrschte hektisches Treiben, Marco und Sebastian tuschelten. Mir kam all das unglaublich weit entfernt vor. Ich wusste nicht, was ich tun sollte. Wie es weitergehen sollte. Gab es noch ein Leben außerhalb der 52 Quadratmeter, die ich mit sechs Männern die letzten Tage und Wochen geteilt hatte? Wie ferngesteuert setzte ich mich in Bewegung. Unten in dem Schrank lag eine Reisetasche, die ich benutzt hatte, als wir hergekommen waren; in einem anderen Leben. Ohne darauf zu achten, was ich hineinwarf, griff ich in den Schrank. T-Shirts, Hosen, Unterwäsche, Schlafanzug, Handtücher. Das Übliche. Ein kleiner Urlaub.

„Kara." Mareks Stimme riss mich aus meinen Automatismen.

Ich drehte mich zu ihm um. „Glaubst du, ich sollte meine Winterjacke mitnehmen?", fragte ich mit leerer Stimme. Er blickte auf meine Füße, die noch immer in den furchtbar unbequemen Schuhen steckten. „Kara ..."

„Du musst nichts sagen. Es kann ja nicht schaden, eine mitzunehmen."

Jetzt sah er mich doch an. Sein Blick schwankte zwischen Schmerz und Verzweiflung. Er griff nach meinem Oberarm und manövrierte mich wortlos ins Badezimmer. „Es geht nicht", flüsterte er.

Ich schloss die Augen und schüttelte den Kopf. „Irgendwie

wird es schon gehen. Wir schlagen uns durch. Mit mir wird es nicht schwieriger werden als ohne mich."

Er fuhr sich mit den Händen durch das Gesicht. „Darum geht es doch überhaupt nicht." Er verstummte. Sein Blick fiel hinter mich, in den Badezimmerspiegel. Einige Augenblicke lang schwieg er. „Es geht darum, dass ich dich nicht dabei haben will."

Ich verschränkte die Arme.

Jetzt sah er mich doch wieder an. Er fixierte mich angestrengt, als fürchte er, sein Blick könnte meinem von ganz allein ausweichen. „Ich habe dir das alles nur vorgespielt, um einen Verbündeten auf eurer Seite zu haben. Aber jetzt reicht es langsam. Glaubst du, ich will, dass du für den Rest meines Lebens an mir hängst wie eine Klette?" Sein Blick verfinsterte sich. „Wir hatten unseren Spaß, und jetzt ist es vorbei. Das ist alles."

Ich wartete, ob es noch etwas gab, das er sagen wollte. Dann lächelte ich, und legte meine Arme um ihn. „Du bist wirklich ein miserabler Schauspieler. Noch schlimmer als ich. Aber danke, dass du es versucht hast. Das ist wirklich nett von dir."

„Ich – habe nicht ...", seine Stimme stockte. Dann legte auch er seine Arme um mich, und wieder war für einen Moment lang alles vergessen, was außerhalb des Zimmers stattfand. Nur wir beide, zusammen.

Dann ließ er seine Hände sinken, und ich drehte mich um. „Und jetzt komm. Wir haben noch Sachen zu packen."

Er griff nach meiner Hand, und ich hörte ein vertrautes Geräusch.

Metallisches Klicken.

„Nein!", keuchte ich. Die Handschellen verbanden mich mit der Eisenstange, an der die Handtücher hingen.

Ungläubig zerrte ich daran. „Du musst das nicht tun! Ich kann auf mich aufpassen! Mir wird nichts geschehen!"

„Es tut mir leid." Er gab mir noch einen Kuss, der zu kurz war, als dass ich die Zeit hätte nutzen können. Dann verließ er das Bad und ließ mich zurück.

KAPITEL 17

OPFER

Die Metallstange, auf der sonst die Handtücher hingen, und die mich nun zusammen mit den Handschellen in das winzige Badezimmer des Ferienhauses ketteten, war mit dicken, langen Schrauben an der Wand befestigt. Ich zog und zerrte, stützte mich mit den Füßen an der Wand ab, hing mit meinem ganzen Körpergewicht daran. Sie rührte sich keinen Millimeter.

Mühsam schaffte ich es, den Seifenspender neben dem Waschbecken mit meiner freien Hand zu ergreifen, und verteilte die schmierige, glitschige Flüssigkeit gleichmäßig auf meiner Hand und dem Metall der Fesseln.

Ich versuchte, meine Hand durch die kleine Metallöse gleiten zu lassen, aber Marek hatte sie so eng gestellt, dass ich beim besten Willen nicht am unteren Daumengelenk vorbeikam. Einen Augenblick lang spielte ich mit dem Gedanken, mir den Daumen auszukugeln, aber auch dann hätte ich die Handschellen wohl nicht abstreifen können.

Stundenlang ließ sich niemand im Bad blicken. Die Nacht ging vorüber, ohne dass ich die Chance bekam, irgendjemanden davon zu überzeugen mich loszumachen. Erst spät öffnete sich die Tür, und Bär kam herein.

„Bitte!" Meine Tränen waren noch nicht einmal geschauspielert. „Du musst mich losmachen! Ich kann euch nützlich sein! Lasst mich nicht hier!"

„Es ist besser so", brummte er und zog ein Handy aus der Hosentasche. Ich wollte noch etwas sagen, aber er warf mir einen so grimmigen Blick zu, dass ich mich nicht traute. Dann hob er das Handy an sein Ohr. „Es ist so weit. Wir fahren jederzeit los. … Ja, es läuft alles nach Plan." Er hatte seine Stimme gesenkt und sich von mir abgewandt. Jetzt drückte er auf den roten Hörer und drehte sich wieder mir zu. „Der Chef", fügte er erklärend in meine Richtung gewandt zu.

Dann klingelte es an der Tür.

Bär und ich sahen uns wortlos an. Die Badezimmertür flog auf und Steinbach kam herein. „Du kennst die Regeln", zischte er mir zu. Ohne großen Aufhebens schob er den Schlüssel in meine Handschellen und beseitigte das Hindernis, das mich stundenlang in die Verzweiflung getrieben hatte. Der Lauf der Pistole drückte sich schmerzhaft zwischen meine Schulterblätter. Gehorsam ging ich voraus zur Haustür und wartete, bis Steinbach sich versteckt hatte. Wieder zielte er auf die Person, die dahinter stand.

Ich öffnete die Tür einen winzigen Spalt breit.

Es war Linna.

Ihre Augen weiteten sich vor Schreck als sie mich sah, und sie schlug eine Hand vor den Mund. Siedend heiß fiel mir ein, dass ich noch immer mein halb-durchsichtiges Nachthemd trug, und vermutlich auch mein Gesichtsausdruck alles andere als beruhigend war. „Mein Gott! Was hat er mit dir gemacht! Ich hol dich hier raus!" Panik stieg in mir auf. „Nein, Linna! Es ist alles in Ordnung. Ich hätte einfach nur gerne meine Ruhe, okay? Morgen komme ich dich besuchen, dann können wir quatschen. Aber im Moment …"

Sie schüttelte wild den Kopf und legt die Hand an die Haustür. Ich wollte sie ihr vor der Nase zuschlagen, aber sie war schneller. Wir drückten um die Wette. Mein Blick raste zwischen ihr und Steinbach hin und her, der nervös von einem Fuß auf den anderen trat. Sein Finger lag um den Abzug, der direkt auf Linna gerichtet war.

„Verschwinde, Linna!", sagte ich verzweifelt.

„Ich sehe doch, was bei dir los ist! Wenn du mich nicht reinlässt, werde ich die Polizei rufen!"

Ich erstarrte. Mit absoluter Sicherheit würde Steinbach jetzt auf sie schießen. Linnas letzte Atemzüge verrannen, ohne dass sie etwas davon wusste.

„Lass sie rein", wisperte Steinbach.

Mein Blick klebte auf Linnas besorgtem Gesicht. War es besser sie hereinzulassen, oder zu hoffen, dass sie rechtzeitig ging? Ich konnte nicht denken. „Warte! Also gut."

Mein Hals wurde eng, während ich einen Schritt von der Tür zurücktrat.

Steinbach tat es mir gleich, sodass Linna die Tür weiter öffnen konnte. Sie machte zwei Schritte in die Wohnung, dann hielt Steinbach ihr die Pistole an die Schläfe. „Ein Ton, und du bist tot."

Linna gehorchte. Die Tür hinter ihr fiel zu. Wie in Trance ging sie voraus ins Wohnzimmer und starrte sprachlos auf Sebastian und Marco, die noch immer angekettet waren, dann auf André, Marek und Bär, die ebenso stumm zurückstarrten.

„Kein Problem!", sagte Steinbach hektisch. „Ich habe alles unter Kontrolle. Wir ketten sie hier an und lassen sie mit den anderen zurück."

Linna schluchzte. „Bitte tun Sie mir nichts!"

„Sei still, Mädchen."

Tränen rannen ihr die Wange hinunter und sie schien überhaupt nicht gehört zu haben, was Steinbach gesagt hatte. Ihre Lautstärke war erschreckend. „Ich tue alles was Sie wollen, aber erschießen Sie mich nicht!"

Steinbach rammte sie mit der Schulter, sodass sie benommen gegen die Wand taumelte. Er presste ihr die Hand auf den Mund, und aus ihrer Kehle drangen erstickte Schreie, während sich in ihren weit aufgerissenen Augen die Mündung von Steinbachs Pistole spiegelte.

„Ich sagte ..."

Keiner hätte vermutet, dass sie so viel Kraft hatte. Ihre Hand traf die Pistole von unten. Sie flog Steinbach aus der Hand, noch bevor er reagieren konnte. Verblüfft starrte er ihr hinterher, wie sie im weiten Bogen durch die Luft flog, und schließlich auf dem Boden landete. Linna wollte sich losreißen, aber dieses Mal war der alte Mann schneller. Er packte sie am Hals und ein gurgelnder Laut kam über ihre Lippen. Seine Fingerknöchel traten weiß hervor, und Linna strampelte und schlug nach ihm wie von Sinnen, ohne dass sich sein Griff lockerte.

„Lass sie los!", sagte Marek, und Bär wollte einen Schritt auf die beiden zumachen. Doch Steinbach griff in seinen Hosenbund, wo noch immer die zweite Waffe steckte.

Der Schuss schien mir fast das Trommelfell zu zerreißen. Blut spritzte auf Linnas weiche Wangen.

Steinbach ging in die Knie und sackte zusammen wie eine Marionette, der die Fäden durchgeschnitten worden waren.

Ich blickte auf. Die Pistole in Mareks Händen zitterte.

„Es tut mir leid", flüsterte er.

„Scheiße!", schnauzte Bär. „Los, nehmt die Taschen, wir müssen los!" Er ergriff Linnas Handgelenk, die nichts anderes tun konnte, als auf Steinbachs Leiche zu gucken. Marek und André rührten sich nicht.

Bär bückte sich nach einer alten Socke, die auf dem Fußboden lag und stopfte sie Linna in den Mund. Die wehrte sich nicht, als er sie an die Heizung kettete, wo sonst ich gehockt hatte.

„Los, du auch, aber dalli!", befahl Bär mir.

„Nein", sagte André. „Wir nehmen sie mit."

Bär und ich sahen ihn sprachlos an. „Bist du irre?"

Marek schüttelte den Kopf. „Er hat Recht. Wenn Linna nicht kommt, könnte ihre Großmutter die Polizei schicken, und zwar bald. Wir brauchen eine Geisel." Seine Augen trafen meine. „Bist du dazu bereit?"

Ich nickte ernsthaft.

„Willst du Kara ernsthaft in Gefahr bringen?", knurrte Bär.

„Natürlich nicht! Aber ich sehe keine andere Möglichkeit. Und ich muss auch an meine Schwester denken."

Bär griff nach der Tasche mit dem Geld und schnaubte verächtlich. „Eine Geisel nützt dir gar nichts, wenn du nicht auch bereit bist, sie zu töten. Und? Bist du das?"

Noch immer hielt Marek die Pistole umklammert. Die Waffe zitterte. „Nichts nützt weniger als eine tote Geisel! Doch: hier herumzustehen und auf die Polizei zu warten." Er hob die Waffe und zielte auf Bär. Seine Stimme wurde leise. „Kara kommt mit. Und glaub nicht, dass ich nicht schießen würde, wenn du mir im Weg stündest, Bär."

Bär biss die Zähne zusammen. „Zieh dir eine Hose an und dann los." Ich rannte ins Schlafzimmer und schlüpfte in eine Hose, so schnell ich konnte. Meine halb gepackte Tasche ließ ich stehen.

Im Wohnzimmer sah ich noch einmal auf Sebastian, Marco und Linna, die stumm angekettet an der Heizung lehnten, dann hinab auf Steinbachs Leiche. Marek hatte ihm die Pistole aus der Hand genommen und sie in seinen Hosenbund gesteckt. Die zweite hielt er locker in der rechten Hand. „Lasst uns gehen."

KAPITEL 18

VERRAT

Als ich draußen war, bekam ich schreckliche Angst. Der Parkplatz erschien mir so unendlich weit, und die wahnsinnige Illusion, der Himmel könne mir auf den Kopf fallen und mich erschlagen, jagte vor meinen Augen umher wie zuckende Schatten.

Ich atmete tief ein und aus, um meinen Herzschlag zu beruhigen.

Mareks Hand hielt mich locker am Oberarm, er ging schräg hinter mir. Noch immer hielt er die Pistole in der anderen Hand, damit er mich, sollte es nötig werden, öffentlichkeitswirksam bedrohen konnte. Dennoch hatte ich vor nichts weniger Angst als vor ihm. Bär und André machten mir Angst, weil sie Faktoren waren, die ich nicht einkalkulieren konnte. Die Weite der Freiheit machte mir Angst, das Bild von dem kleinen Rinnsal Blut, das aus Steinbachs Schädel geflossen war und vor allem die Polizei. Im Halbdunkel der beginnenden Nacht konnte ich wieder die reflektierenden Augen von Hirschkühen aufblitzen sehen. „Wo gehen wir hin?", flüsterte ich.

„Den Berg rauf. Da steht das Auto mit der Beute im Kofferraum. Wir werden in die Ukraine fahren, wo Nicolai sich mit uns treffen will. Da kann die Übergabe sicherer über die Bühne gebracht werden. Danach sehen wir weiter." Mareks Worte beruhigten mich. Es gab einen Plan, der über die nächsten zehn Minuten herausreichte; noch etwas anderes, an dem ich mich festhalten konnte, außer an ihm.

Mit schnellen Schritten liefen wir den Berg hinauf, bis aus der Straße ein Waldweg wurde.

André stürmte mit den Taschen voraus, als könne er gar nicht schnell genug zum Auto kommen, Bär blieb hinter der Gruppe und sah sich hin und wieder nervös um.

Bei einer alten Eiche bogen wir vom Weg ab und kämpften uns durch totes Laub tiefer in den Wald. „Es wird klappen. Wir haben genügend Zeit, ehe Linnas Großmutter misstrauisch wird."

Mareks Stimme klang angespannt. „Davon sollten wir besser nicht ausgehen. Ich habe kein gutes Gefühl."

André drehte sich im Gehen zu uns um. „Hey, Turteltauben. Könnt ihr jetzt mal das Getuschel einstellen und euch den Atem sparen, damit wir hier ein bisschen besser vorankommen?" Er stutzte und blieb stehen. „Wo ist Bär?"

Auch wir hielten an und drehten uns herum. Die ganze Zeit war er hinter uns gewesen, aber nun war er wie vom Erdboden verschluckt. Nur leises Vogelgezwitscher und das Rauschen des Windes waren zu hören. Keine Schritte im Laub, keine Stimme, die nach uns rief. André kam ein paar Schritt auf uns zu und legte die Hände trichterförmig neben den Mund, aber Marek fuhr dazwischen. „Nein!", zischte er. „Weiter. Wir sind gleich da." Aus der Anspannung in seiner Stimme war Angst geworden.

Beinahe rennend legten wir die letzten Meter zurück, bis endlich ein silberner Honda Civic auftauchte, der mir wie eine kleine Rettungsinsel vorkam. Marek packte mich fester und hielt die Pistole höher. „André, schau in den Kofferraum", sagte er mit schaler Stimme.

André stellte keine Fragen, sondern ging zum Kofferraum hinüber. Die Klappe öffnete sich, und er starrte hinein. Wie in Zeitlupe drehte er sich zu uns um. Er hätte es nicht sagen müssen, wir wussten es auch so schon. „Leer."

Neben mir hörte ich ein Klacken, dann noch eines gegenüber, und dann noch ein Dutzend Mal das Geräusch.

„Keine Bewegung!", hörten wir über einen Lautsprecher. Ich erstarrte.

Vermummte Gestalten traten hinter Bäumen hervor, so viele, dass ich sie nicht zählen konnte. Sie trugen schwarze Skimasken und Schutzwesten. In ihren Händen lagen schwere Gewehre, die allesamt auf uns gerichtet waren.

„Lassen Sie die Waffe fallen und schicken Sie das Mädchen zu uns herüber. Hände über den Kopf und auf den Boden!", hallte die Stimme durch den Wald.

Wieder schienen sich Sekunden bis in die Unendlichkeit zu dehnen. Marek hob die Waffe an meine Schläfe. Ich musste nicht schauspielern, um ängstlich auszusehen, denn ich hatte Angst vor den Vermummten. Mareks Stimme war ruhig und klar, lauter, als ich geglaubt hatte.

„Wenn nicht Sie die Waffen innerhalb von 10 Sekunden hinlegen, schieße ich ihr ins Knie. Weitere 10 Sekunden, und das andere Knie ist dran. Sie werden uns in Ruhe abziehen lassen."

Keiner der Polizisten regte sich.

„Eins", sagte Marek.

Ich fragte mich, was er tun würde, wenn sie nicht darauf eingingen. Ich hoffte, dass er seine Drohung wahr machen würde, auch wenn es höllisch wehtun würde.

Das war die einzige Chance, wie wir hier alle drei herauskamen.

„Zwei."

Einer der Männer zog ein Funkgerät aus einer Tasche hervor und murmelte leise hinein.

„Drei."

Eine verrauschte Stimme auf der anderen Seite antwortete.

„Vier."

Ich versuchte mir vorzustellen, wie es sich anfühlen würde, wenn die Kugel meine Kniescheibe durchschlug und konnte nicht anders, als vor Angst zu zittern. Es war dumm, denn er musste es tun, wenn die Polizisten nicht reagierten.

„Fünf."

Der Mann mit dem Funkgerät hob die Hand. „Nehmt eure Waffen runter, Männer."

Marek hinter mir atmete auf, und auch mein Herzschlag beruhigte sich ein wenig. „Wir werden jetzt in dieses Auto steigen und das Mädchen mitnehmen. Keiner von euch wird uns verfolgen. Sobald wir sicher sind, dass uns keiner folgt, lassen wir sie frei. Eine falsche Bewegung, und sie kann für den Rest ihres Lebens nicht mehr laufen. Folgt ihr uns, werde ich sie töten und eine andere Geisel nehmen."

Der Mann mit dem Funkgerät nickte. Langsam zogen sich die Polizisten zurück, und Marek drängte mich grober zum Auto, als es von mir aus nötig gewesen wäre. Der Schein musste gewahrt bleiben, also wimmerte ich hilflos. Ich musste mich neben Marek auf die hintere Bank setzen, André setzte sich auf den Fahrersitz.

Die Pistole war, von außen gut sichtbar, noch immer auf mich gerichtet.

Andrés Hände zitterten, als er den Schlüssel ins Zündschloss steckte. Als der Motor ansprang, dröhnten uns harte Gitarrenriffs und Gegröle entgegen, und André beeilte sich, das Radio auszustellen, während Marek mich noch immer wie erstarrt mit der Waffe bedrohte. Mit unerträglicher Langsamkeit rollte der Wagen über Laub und Geröll am Sondereinsatzkommando der Polizei vorbei, bis hinab auf den Waldweg.

„Scheiße." Mareks Stimme war ungewohnt hoch. Da wir außerhalb der Sichtweite der Polizisten waren, hatte er die Pistole sinken lassen, und ich konnte ihn ansehen. Er war kreidebleich. „Dieser Mistkerl", flüsterte er. „Er muss das von Anfang an geplant haben, wahrscheinlich mit Klein zusammen. Das erklärt auch, warum er überhaupt eine eigene Knarre und Handschellen dabei hatte. Die waren für uns gedacht, während er mit der Kohle abhaut. Kein Wunder, dass der unbedingt wissen wollte, wo das Auto steht. Der hat sich das Geld geschnappt, und Bär hat sich abgesetzt und uns die Polizei auf den Hals gehetzt. Deshalb war er auch so vehement dagegen, dass du mitkommst, Kara."

André schlug auf das Lenkrad. „Jetzt können er und Klein sich die ganze Kohle teilen, und wir stehen immer noch bei Nicolai in der Kreide. Aber damit kommt der nicht durch. Der Boss wird ihn so lange jagen, bis ..."

Tränen sammelten sich in Mareks Augen. „Was wird jetzt aus Elena? Es war alles umsonst." Er blinzelte heftig und wandte dann mir sein Gesicht zu. „Kara. Wenn ich draufgehe, musst du dafür sorgen, dass Nicolai ins Gefängnis geht. Ich habe Beweise, die ihn für immer in den Knast bringen. Ich konnte nur nichts damit anfangen, weil ich dann gleich hinterhergewandert wäre. Sie liegen ..."

„Sag sowas nicht!", sagte ich schrill. „Was heißt denn hier „draufgehen"? Wir verschwinden zusammen von hier und irgendwie bekommen wir deine Schwester da schon raus. Ich will gar nichts von diesem schwachsinnigen was-wäre-wenn-Gefasel hören!"

In seinen Augen spiegelten sich Wut und Verzweiflung. „Sieh den Tatsachen ins Auge. Wir kommen aus der Sache nicht raus! Glaubst du, dass sie uns einfach unbehelligt ziehen lassen werden? Irgendwann müssen wir tanken, essen, schlafen. Und sie werden uns so lange folgen, bis sie eine Chance sehen, dich hier rauszuholen."

Jetzt war ich es, die weinte. „Ich lasse mich aber nicht einfach hier rausholen! Wir haben so viel zusammen durchgemacht, jetzt halten wir auch das noch durch. Also sei still!"

Marek schwieg, und auch ich gab nichts mehr von mir als leises Schluchzen. Nur das Geräusch des Motors war zu hören, bis André es nicht mehr aushielt, und doch wieder das Radio anstellte.

KAPITEL 19

ABSCHIED

Auf dem Kofferraum des Civic musste ein tonnenschweres Monster sitzen. Es gab keine andere logische Erklärung dafür, dass der Wagen im gefühlten Schneckentempo über die Autobahn Richtung Osten kroch, auch wenn der Geschwindigkeitsmesser auf 150 stand. Ich fühlte mich dennoch, als wäre ich in einer Fußgängerzone unterwegs. Immer wieder hastete Mareks Blick auf die Tankanzeige, die sich der Reserve schon erschreckend genähert hatte. Ich hatte mich abgeschnallt und war auf dem Rücksitz zu ihm herangerutscht, auch wenn er mich mit einem halbherzigen Versuch dazu hatte bewegen wollen, mich wieder anzuschnallen. Ich hatte es vorgezogen, mich von ihm in den Arm nehmen zu lassen, solange keine Polizei in Sicht war. Ich versuchte mir einzureden, dass wir entkommen waren. Dass sie uns nicht finden würden, und wir aus dem Schneider waren, aber letztendlich musste auch ich den Tatsachen ins Auge blicken. Würde die Polizei mich nicht irgendwo vermeintlich freigelassen auffinden, würden sie nie locker lassen; außerdem war das Auto mit an Sicherheit grenzender Wahrscheinlichkeit mit einem Peilsender versehen.

Unablässig flüsterte mir Marek Dinge ins Ohr, wo er seine Beweise versteckt hatte und was ich damit zu tun hatte; ich redete davon, dass wir ein anderes Auto auftreiben mussten, einfach irgendeine alte Schrottkiste knacken, die am Wegesrand stand, und sie kurzschließen. Das konnte nicht so schwer sein, oder? Ich malte uns aus, wie er Elena wiedersehen würde, und wie wir gemeinsam fliehen würden, vielleicht nach China. Ich erzählte ihm, dass ich schon immer mal all die merkwürdigen Dinge probieren wollte, die es dort auf der Straße zu kaufen gab, auch die unappetitlichen, die frittierten Maden und Heuschrecken, und er lächelte schwach. Ich wusste, dass es dumm war, aber ich konnte nicht anders.

André blinkte und bog auf eine Abfahrt ab. „Wir müssen tanken", sagte er mit tonloser Stimme.

Ich klammerte mich kurz fester an Marek, ehe er mich ein Stück von sich wegschob und ich wieder eine distanziertere Opferhaltung einnahm, falls uns jemand an der Tankstelle erkennen sollte.

„Soll ich bezahlen oder nicht bezahlen?", fragte André.

Marek murmelte: „Wenn du es tust, kommen wir länger nicht voran, und die Wahrscheinlichkeit, dass sie dich an der Kasse erkennen, wenn du ihnen direkt gegenüberstehst, ist am größten. Aber wenn sie wegen Benzindiebstahls unser Kennzeichen an die Polizei weitergeben, finden die uns noch schneller."

„Ach ne, du Blitzmerker!", zischte André. „Glaubst du, das wüsste ich nicht? Was soll das für eine Antwort sein?"

Ich hob schlichtend die Hand. „Wahrscheinlich würde der Diebstahl erst am Abend auffallen und dann melden sie es der Polizei, das ist ungefährlicher als ein Plausch mit dem Kassierer."

André nickte angespannt, und auch Marek erhob keine Einwände.

Die Tankstelle war gut besucht. Kein Wunder, es war Sonntag, und schlimmer noch, es war nachmittags. An der Zapfsäule für LKWs bildete sich eine kleine Schlange, und auch die anderen waren fast alle belegt. Aber eben nur fast. André hielt an einer, atmete tief durch und

176

hastete dann aus dem Auto, als fürchtete er, die Courage zu verlieren, wenn er noch einmal darüber nachdachte. Er nestelte unnötig lange am Tankverschluss herum, das war eindeutig zu hören. Marek und ich saßen aufrecht da wie zwei Ausrufezeichen und starrten die anderen Autofahrer an, die mit gelangweilten Gesichtern genau das taten, was sie tun sollten, ohne auf uns aufmerksam zu werden. Nach einer gefühlten Ewigkeit kam André zurück und ließ den Wagen erst einmal absaufen.

In einer ersten Schrecksekunde befürchtete ich, er hätte Diesel statt Benzin getankt, aber beim zweiten Anlauf klappte es.

Mareks Lippen bildeten lautlos die Worte „Mach schon", was André glücklicherweise nicht bemerkte.

„Lass uns schnell hier abhauen", hauchte ich.

André protestierte nicht, sondern gab Gas. Innerhalb weniger Minuten waren wir wieder auf der Autobahn und lauschten schweigend dem Radio. Minutenlang. Eine Stunde.

Nichts geschah.

Ich erlaubte mir, aufzuatmen.

Wir näherten uns der tschechischen Grenze und in meinem Kopf hatte sich die Vorstellung gebildet, dass wir, sollten wir die erst einmal passiert haben, in Sicherheit waren. Die Straßen wurden immer leerer, wir kamen gut durch, als wäre das Glück wenigstens jetzt auf unserer Seite. Irgendwann schien außer uns kein einziges Auto mehr auf der Straße zu sein.

Vielleicht hatte es aber auch gar nichts mit Glück zu tun.

„Im Rückspiegel." Andrés Stimme zitterte, und mein Kopf schnellte herum. Hinter uns näherten sich wie ein Tsunami, schwarz und unaufhaltsam, mehrere Autos, auf selber Höhe, in rasender Geschwindigkeit. Sie hatten kein

Blaulicht, das war überhaupt nicht notwendig. Wir wussten auch so Bescheid.

Im Radio wurde verkündet, dass die Autobahn, auf der wir uns derzeit bewegten, vorübergehend wegen eines Polizeieinsatzes gesperrt worden war.

Unkontrolliert liefen mir Tränen über die Wangen. „Wir müssen anhalten! Wir stellen uns einfach!", flehte ich. „Ein paar Jahre Gefängnis, was macht das schon?"

Über uns näherte sich ein Hubschrauber, der so tief flog, dass wir das mechanische Geräusch der Rotorenblätter bis ins Innere des Wagens hören konnten.

„Jetzt verlier nur nicht die Nerven!", schrie André. „Du wolltest doch unbedingt mit, also musst du es jetzt auch durchziehen." Seine Finger verkrampften sich um das Lenkrad, bis die Knöchel weiß hervortraten.

Aus dem Helikopter ertönte wieder eine Lautsprecherdurchsage der Polizei, dass wir anhalten sollten. Was André nicht tat. Stattdessen drückte sein Fuß das Gaspedal fast bis zum Anschlag durch, auch wenn die Geschwindigkeit schon längst ihr Limit erreicht hatte.

„Schnall dich an!", sagte Marek.

In wilder Verzweiflung schüttelte ich den Kopf und klammerte mich noch fester an ihn. Ich hatte das Gefühl, ohnehin jeden Moment sterben zu müssen. Bei 170 Kilometern in der Stunde würde auch der Gurt nicht mehr viel helfen. „Sag ihm, dass er anhalten soll! Das ist Wahnsinn, wir müssen uns stellen! Es gibt keine andere Möglichkeit."

„Du musst überhaupt nichts, du hast nichts getan. Und ich muss an meine Schwester denken. Ich kann ihr nicht helfen, wenn ich im Gefängnis sitze", erwiderte er und biss die Zähne zusammen.

„Aber ich! Und du kannst ihr noch weniger helfen, wenn

wir hier alle sterben, also ... verdammt!"

Nicht nur hinter uns, auch vor uns war jetzt eine schwarze Schattenwand zu sehen. Ein beinahe sanfter Ruck ging durch unser Auto, dann wurde es langsamer.

„Was war das?", fragte André. „Verdammt, hier geht gar nichts mehr! Das Auto reagiert nicht! Nicht mal Licht oder Radio! Scheiße!"

So wie mir eben die wahnsinnige Geschwindigkeit Angst gemacht hatte, war es nun mit dem Schneckentempo. Immer und immer langsamer zogen die Leitplanken an uns vorbei, und die Straßensperre kam nur noch gemächlich, dafür aber unaufhaltsam näher, bis das Auto ausgerollt war und sich keinen Meter mehr bewegte.

„Was machen wir? Was machen wir?", schrie André panisch.

„Ruhig bleiben!", bellte Marek. „Wir haben immer noch Kara. Bist du bereit?"

Ich nickte zwar, versuchte ihm aber noch einmal ins Gewissen zu reden. „Wir sollten uns stellen! Wenn du wirklich noch einmal die Geiselnummer durchziehen willst, dann musst du auch mit den Konsequenzen leben!" Ich sah ihm fest in die Augen. „Wenn es nötig ist, musst auf mich schießen, verstanden?"

Marek wollte zur Seite schauen, aber ich hielt sein Gesicht fest. „Versprich es mir!"

Er nickte zögerlich. „Ich verspreche es."

Ich ließ los. Wir hatten keine Zeit mehr.

Die Polizei war so nah, dass ich einzelne vermummte Gestalten geduckt zwischen den Fahrzeugen sehen konnte. Sie alle hatten Gewehre auf uns gerichtet. Ich hatte nicht mehr genug Kraft, um Angst zu haben. Es gab wichtigere Dinge, und ich durfte meine Energie nicht verschwenden. Marek packte mich und zog mich grob zu sich heran.

Seine Hand umfasste meine Hüfte, sodass es aussehen musste, als hielte er mich gefangen, während in Wahrheit sein Daumen für eine Millisekunde über einen winzigen Teil bloßer Haut über meiner Jeans glitt. Dann hielt er mir wieder die Pistole an den Kopf.

„Ich liebe dich", wisperte er.

Die Worte schnürten mir die Kehle zu, weil sie sich so verdammt falsch, so verdammt nach einem Abschied anhörten, dessen Zeitpunkt noch nicht gekommen sein durfte.

„Mach die Tür auf."

Meine Hände erhoben sich auf Höhe des Türgriffs, und als wären es gar nicht meine eigenen beobachtete ich, wie sehr sie zitterten. Draußen erwarteten uns schon dutzende Gewehrläufe und die jetzt doch blinkenden Lichter auf den Dächern der Autos, das Getöse des Helikopters über uns und die lautsprecherverstärkten Durchsagen, auf die ich mich kaum konzentrieren konnte.

Wieder wurde Marek dazu aufgefordert, die Waffe fallen zu lassen, und wieder weigerte er sich. Ich wünschte mir so sehr, er würde es tun. Ich würde warten. Ich würde mich um Elena kümmern als wäre ich ihre eigene Mutter, wenn es nötig wäre. Aber er tat es nicht.

„Hören Sie auf mit dem Theater! Wir wissen, dass sie mit der Geisel zusammenarbeiten." Dröhnte eine Stimme durch den Lautsprecher.

Die Worte fuhren mir durch Mark und Bein. Hatten sie Sebastian und Marco gefunden? Hatten die ihnen erzählt, was geschehen war? Woher sonst konnten sie es wissen? Warum hatten sie nicht den Mund gehalten? Jetzt musste Marek auf mich schießen, um das Gegenteil zu beweisen.

„Tu es", wisperte ich.

Er regte sich nicht.

„Tu es!", wiederholte ich mit mehr Nachdruck.

Seine Hand löste sich von meiner Hüfte.

Die Gewehre vor mir hoben sich ein Stück, wie in Zeitlupe, Millimeter für Millimeter. Mareks Waffe sank von meiner Schläfe herab, tiefer, noch tiefer, und ich hoffte, er würde auf mein Schienbein statt auf das Knie zielen.

Dann traf mich eine Hand im Rücken.

Nicht ein Schuss ertönte, sondern dutzende. Kein plötzlicher Schmerz schoss durch mein Bein, nichts außer dem harten Aufprall auf dem Asphalt der Autobahn und das Donnern des Gewehrfeuers in meinen Ohren. Dann wurde es still, und ich sprang auf und fuhr herum.

„Marek!"

Zwei leblose Körper lagen auf dem Asphalt, umgeben von schimmernden Blutlachen, die schnell größer wurden und die Wolken widerspiegelten, die gemächlich über den Himmel zogen.

Eisige Kälte schien mich für Unendlichkeiten zu lähmen. Schmerz explodierte in meiner Brust, ohne dass dafür ein Geschoss nötig war, das mich getroffen hatte. Dann stürzte ich auf die Knie, zu Mareks leblosen Körper hinab. Sein Gesicht lag auf dem Asphalt, und ich wandte all meine verbliebene Kraft auf, um ihn herumzudrehen und ihn anzusehen, zu spüren, ob er noch atmete.

Seine dunklen Augen waren stumpf in den Himmel gerichtet, und keine kleinen, silbernen Einsprengsel waren mehr darin zu sehen. Seine Lippen waren einen winzigen Spalt geöffnet, als hätte er noch etwas sagen wollen. Aber ich würde seine tiefe Stimme nie wieder hören, nie wieder seine warmen Hände auf meinem Körper spüren, und die unendliche Leere meines künftigen Lebens griff mit Eiseskälte nach mir.

Alles, was mir blieb, waren seine geflüsterten Worte:
Ich liebe dich.

EPILOG

GERECHTIGKEIT

14 Monate später

„Ich denke, Sie haben in vielen Punkten schon gute Fortschritte gemacht, Kara." Die Therapeutin lehnte sich in ihrem Sessel zurück und legte die Fingerspitzen aneinander, als wollte sie Ruhe und Stabilität auch mit ihrer Gestik zum Ausdruck bringen.

Ich ärgerte mich nicht mehr über die kleinen Anzeichen ihrer Überheblichkeit, die heilsbringerische Betonung in ihren Worten und ihrer Mimik. Es fiel mir leicht, ein überzeugendes Lächeln aufzusetzen. „Es geht mir sehr viel besser. Ich denke, ich habe mittlerweile verstanden, was da mit mir passiert ist. Dass ich ein Opfer der Situation war. Ich schäme mich sogar ein wenig für mein Verhalten", behauptete ich reumütig.

„Oh nein", sagte meine Therapeutin beschwichtigend. „Opfer sollten sich niemals schämen, das haben wir doch schon so oft besprochen."

„Ich weiß, ich weiß", erwiderte ich hastig und strich mir eine widerspenstige Haarsträhne hinters Ohr. Vor einiger Zeit hatte ich sie so kurz schneiden lassen, dass sie mir immer wieder ins Gesicht fielen. „Ungewohnt ist es trotzdem."

„Wie geht es mit Ihrem Freund voran? Haben Sie über die Dinge gesprochen, die wir beim letzten Mal vereinbart haben?", fragte sie sanft. Das weiche Licht der Nachmittagssonne, das durch das Fenster hinter ihr schien, zeichnete einen hellen Kranz um ihren Kopf, und ich musste mich zurückhalten, um nicht ironisch zu grinsen. „Oh ja, das haben wir. Ich denke, dass er dank der Gespräche mit Ihnen viel schneller ein Gespür für die Situation bekommen hat als ich. Er hilft mir sehr." Das war eine sehr dreiste Lüge, die ich nicht nur vor ihr, sondern auch vor Sebastian selbst aufrechtzuerhalten versuchte. Er konnte mir gar nicht helfen, denn ich wusste selbst sehr genau, was zu tun war, und das spürte er auch. Zwischen uns war eine Kluft entstanden, unüberbrückbar wie die Distanz zur Sonne. Er litt still. Mir war alles egal geworden. Er war nur noch ein Mittel zum Zweck, um den schönen Schein zu wahren, und so schnell es ging aus den endlosen Therapiesitzungen und Scheineinsichten, die ich hier zum Besten geben musste, ausbrechen zu können und meine Mutter und meine aufgebrachten Freunde zu beschwichtigen. Eine lästige Pflicht, die leider unumgänglich war.

„Ich bin wirklich sehr froh darüber, wie sich alles zwischen Ihnen und Sebastian entwickelt hat, Kara. Damit bleibt nur noch ein Thema, über das ich gerne sprechen würde ... "

Ich biss die Zähne zusammen, denn ich wusste, welches Thema das sein würde.

„Es geht um das Zeugenschutzprogramm. Sie wissen selbst am besten, in welcher Situation sie sich befinden. Mit Ihrer Hilfe ist es gelungen, einen der größten Drogenringe Norddeutschlands auszuheben und auch das Oberhaupt vor Gericht zu bringen. Sie wissen, welche Gefahren das mit sich bringt."

„Und es ist nichts passiert", sagte ich scharf. „Der Prozess gegen Nicolai und die anderen Hintermänner ist vorbei. Sie sitzen alle im Knast, und nie ist jemand zu mir gekommen und hat versucht, mich umzubringen. Ich hatte also Recht."

Nie war jemand gekommen. Jeden Tag hatte ich erwartet, hinter mir das mittlerweile vertraute Klicken einer entsicherten Waffe zu hören und mit einem Loch im Kopf auf dem Asphalt der Straße zu enden. Damit es vorbei war. Aber das war es nicht. Es ging immer weiter und weiter, wie ein Hamster in seinem Rad drehte ich mich und wartete, dass die neugierigen Gesichter vor meinem Käfig, die Therapeutin, die Polizisten, Sebastian, meine Mutter, dass sie endlich das Interesse verlieren würden und ich aufhören konnte zu rennen.

„Es geht mir nicht darum, was passiert ist, sondern um das, was hätte passieren können. Die Gefahr, die sie mutwillig in Kauf genommen haben. Sie haben mir nie die Frage beantwortet, warum sie sich dazu entschieden haben."

Ich lächelte eisern. Natürlich hatte ich ihr die Frage schon beantwortet, immer auf die gleiche Weise, nur war es mein Pech, dass sie in diesem einen Punkt meine Lügen nie hatte glauben wollen. „Wäre ich in das Zeugenschutzprogramm eingetreten, hätte ich meine Eltern und meine Freunde, und natürlich auch Sebastian nie wiedersehen können. Oder Sebastian hätte ebenfalls sein ganzes, altes Leben aufgeben müssen, das Studium abbrechen ... Das wollte ich ihnen nicht antun."

„Eine sehr uneigennützige Haltung." Meine Therapeutin bemühte sich um eine neutrale Stimmlage, aber es war nicht schwer, den Unglauben in ihren Worten zu erkennen. Sie nervte, diese penetrante Frau, mit der ordentlichen Frisur, die immer so verständnisvoll nickte und ein nichtssagendes Lächeln auf den Lippen trug! Ich fragte mich, ob Elena jetzt auch an so einem Ort war und mit einer anderen leeren Puppe sprechen und gute Miene zum bösen Spiel machen musste. Ob sie ihren Bruder schon zu vergessen begann? Eine der Polizistinnen hatte mir, entgegen der Dienstvorschrift, verraten, dass das Mädchen in Sicherheit gebracht worden war und nun bei einer Pflegefamilie lebte. Ich hatte sie nie kennen lernen dürfen, und vielleicht war es besser so für uns beide. Ich weiß nicht, ob ich es geschafft hätte, in ihre Augen zu blicken, ohne wahnsinnig zu werden.

Ich lehnte mich in meinen Sessel zurück und sah auf die Box mit Papiertaschentüchern, die auf dem kleinen Tisch zwischen uns immer bereitstand. Wahrscheinlich für den kleinen, ängstlichen Mann, der immer den Termin nach mir hatte und aussah, als fürchte er, dass sich jeden Augenblick die Erde unter ihm auftun und ihn verschlingen könnte. „Ich tue das auch für mich selbst", sagte ich mit einiger Verspätung und lächelte hohl. „Ohne sie wäre es mir noch schwerer gefallen, all das zu verarbeiten."

„Und Sie denken, dass Sie jetzt alles verarbeitet haben, Kara?"

Ich bemühte mich, nicht zu übereilt zu nicken oder hastig zu antworten. Es sollte wohl überlegt wirken. „Ich denke nicht, dass ich jetzt schon alles endgültig hinter mir lassen kann. Aber ich glaube, dass ich den Rest des Weges aus eigener Kraft gehen kann."

Meine Therapeutin seufzte. Sie wollte mich nicht gehen lassen, hatte sich an mir festgesogen wie ein Blutegel. Wann ich ihrer Meinung nach wirklich austherapiert wäre, stand in den Sternen. Aber die Krankenkasse würde diese Farce auch nicht ewig bezahlen. Sie hatte es schon viel zu lange hinausgezögert, und das wussten wir beide. „Nun gut, Kara. Ich denke, das ist ein schönes Abschlusswort, und ich weiß ja, dass Sie schon länger der Meinung sind, dass es nicht mehr nötig sei, hierher zu kommen. Sollten Sie aber doch mal wieder Gesprächsbedarf haben, wissen Sie, dass Ihnen meine Tür immer offen steht. Sollte es einmal dringend sein, haben Sie auch meine Notfalltelefonnummer."

Ich nickte. „Das weiß ich doch. Ich hoffe, dass es nicht nötig sein wird, aber ich werde daran denken." Langsam erhob ich mich aus dem viel zu weichen Sessel, der mir immer Rückenschmerzen bereitete, streckte mich und ließ meine Fingerknöchel knacken.

Meine Therapeutin streckte eine Hand aus, und ich schüttelte sie artig. „Auf Wiedersehen, Kara."

Auf Nimmerwiedersehen, dachte ich.

„Auf Wiedersehen", sagte ich.

Ich wandte mich ab und ließ den Raum mit den warmen, orangeroten Tapeten und den wohl platzierten Blumengemälden zum letzten Mal hinter mir. Draußen wartete der ängstliche Mann und sah mich mit großen, wässrigen Augen an, als könnte ich in jedem Moment beginnen, mit einer Schimpftirade auf ihn loszugehen. Neben ihm saß Sebastian und blickte von einer Zeitschrift auf, die er gelangweilt durchgeblättert hatte.

„Bist du fertig?", fragte er sanft. Ich nickte, und er stand auf und nahm meine Jacke, die an der Garderobe hing. Ich schlüpfte hinein, und wir gingen das Treppenhaus hinab auf die Straße.

„Ich muss nicht mehr wiederkommen", sagte ich beiläufig. „Die Therapie ist vorbei."

Sebastian warf mir einen Blick aus den Augenwinkeln zu. „Wie fühlst du dich?"

Ich verdrehte die Augen. „Wenn mir noch einmal jemand diese Frage stellt, laufe ich Amok. Aber ansonsten gut." Etwas enthusiastischer fügte ich hinzu. „Es ist alles in

Ordnung. Alles bestens."

„Ich hoffe, dass wir von vorne anfangen und diesen ganzen Alptraum vergessen können."

Ich lächelte. „Haben wir damit nicht schon längst angefangen?"

Einen Moment lang sah ich den Zweifel in seinem Blick, dann wandte er sich ab. Die Autofahrt nach Hause verbrachten wir schweigend. Auf dem Parkplatz hielt er an und gab mir einen flüchtigen Kuss auf die Wange, den ich reaktionslos über mich ergehen ließ. „Wir sehen uns heute Abend."

„Ja, bis später." Ich stieg aus und sah ihn davonfahren. Dann drehte ich mich um und eilte in unsere neue Wohnung.

Es war alles geklärt. Elena war frei und gut untergebracht. Nicolai saß hinter Gittern, und ich hatte mich um all die Dinge gekümmert, um die ich mich noch zu kümmern hatte. Die Verpflichtungen abgearbeitet, die auf mir lasteten. Ich hatte mir Gedanken darüber gemacht, was ich tun wollte. Meine Zukunft erschien mir so sinnlos, wie sie nur irgendwie sein konnte, aber ich konnte es nicht zu Ende bringen, durfte es nicht, weil ich es Marek versprochen hatte. Und es war ja eben doch noch nicht alles geklärt.

Die Polizei hatte monatelang nach Bär und Herrn Klein gesucht, aber sie waren nirgends aufzutreiben. Ich vermutete, dass die Fahndung nachlässig gehandhabt wurde, nicht einmal Interpol wollten sie wegen zwei lumpigen Bankräubern und Dieben einschalten. Für mich waren die beiden vor allem Mörder.

Ich öffnete meinen Kleiderschrank, zog eine versteckte Tasche hinter dem Stapel aus Bettlaken hervor und öffnete sie. Am Ende siegt immer die Gerechtigkeit, auch wenn ich höchstpersönlich dafür sorgen musste. Und zwei Kriminelle ausfindig zu machen war keine Zauberei, sondern nur eine Sache des Geldes. Geld, das ich nicht hatte, noch nicht.

Die Tasche war groß und geräumig, genug Platz für stapelweise Banknoten, und momentan lag nichts weiter darin als eine Skimaske und zwei geladene Pistolen.

Ich konnte nicht verlieren. Ich würde der Gerechtigkeit den nötigen Schubs in die richtige Richtung geben.

Oder ich würde Marek eher wiedersehen, als ich es mir erträumen konnte.

Lenore Gregor

SCHWARZ VOR AUGEN

„Ein Buch wie eine Achterbahn ins Nichts. Grandios!"
Lovelybooks

Lia und Erik – sie könnten kaum unterschiedlicher sein. Ihn bringt Lias zwanghaften Wunsch, alles unter Kontrolle zu haben, auf die Palme, sie macht es krank, wie sehr er andere Menschen verachtet und für seine Zwecke ausnutzt. Beide haben Geheimnisse, die sie mit niemandem teilen können. Treffen sie aufeinander, ist Ärger vorprogrammiert – aber ohne einander können sie auch nicht. Was ist es, das sie aneinander fesselt?

Lenore Gregor lotst ihre Leser gekonnt durch ein komplexes Labyrinth menschlicher Gefühle.

SCHWARZ VOR AUGEN ist mitreißend, authentisch und fesselt durch seine Konsequenz!